Joschka Fischer

Willkommen im
21. Jahrhundert

Joschka Fischer

Willkommen im 21. Jahrhundert

Europas Aufbruch und die deutsche Verantwortung

Kiepenheuer & Witsch

Inhalt

Einleitung – Trump und die Folgen
7

Europas erzwungene gaullistische Wende
37

Die deutsche Frage –
zwischen Furor teutonicus und Pazifismus
67

Die Bedrohung der Freiheit –
digitale Revolution und Geopolitik
105

Die Scheinalternative Eurasien
147

Die kommende Systemkonfrontation –
China als Systemalternative zum Westen
und die Zukunft der Demokratie
171

Europäische Souveränität
und ein erneuerter Transatlantismus
189

Einleitung – Trump und die Folgen

Fast zwei Jahrzehnte ist das 21. Jahrhundert jetzt alt, und die konkreten Konturen seiner neuen Weltordnung werden in unseren Tagen ganz praktisch erlebbar und bestimmen unsere Zukunft: der Aufstieg Chinas, die Verlagerung der weltpolitischen Zentralachse weg vom Nordatlantik hin zum Pazifik und zu Ostasien, eine zunehmend konfuse Weltmacht USA, welche die Lasten der globalen Führung nicht mehr tragen will und schon gar nicht die einer globalen Ordnungsmacht, andererseits aber an seiner globalen Führungsrolle unter nationalistischen Vorzeichen festhält, zahlreiche Konflikte entlang der eurasischen Hauptachse zwischen Pazifik und Europa, eine frustrierte und ökonomisch ineffiziente nukleare Weltmacht Russland und ein stagnierendes Europa, Nationalismus gegen internationale Zusammenarbeit.

Dreißig Jahre nach dem magischen Jahr 1989 sollten wir Europäer nicht noch einmal denselben Fehler machen: die Radikalität und die dramatischen Auswirkungen einer historischen Zäsur zu unterschätzen. Nur dass es diesmal den Westen und nicht den Osten betrifft. Ein Megabeben namens Trump zertrümmert das westliche Bündnis in Verbindung mit zwei anderen Megabeben, dem Aufstieg Chinas zur globalen Nummer eins und der digitalen Revolution, die ebenfalls kaum einen Stein auf dem anderen lassen wird. Es sind drei Revolutionen auf einmal, vor denen die Welt und damit auch Europa heute stehen und die der Alte Kontinent allein bewältigen muss, ohne Schutz und Deckung durch den großen Bruder USA. Ganz im Gegenteil ist dessen Rückzug aus der globalen Verantwortung die größte Herausforderung für die Europäer.

Die Welt heute macht einen verunsicherten und verunsichernden Eindruck. Stabilität und Berechenbarkeit werden zur Mangelware, bewährte Allianzen und Garantien werden infrage gestellt oder gar umgekehrt und zwischen den Mächten und Staaten hat ein chaotischer Wettbewerb um die jeweils eigene Positionierung in einer zunehmend undurchschaubarer werdenden Weltordnung begonnen, in der vieles, ja vielleicht alles im Umbruch ist. Schlimmer noch, diese verunsichernde Unruhe geht zuerst und vor allem von den beiden ganz großen Mächten der Gegenwart aus, deren Aufgabe es eigentlich sein sollte, kraft ihrer Größe und Macht für globale Stabilität zu sorgen – von China und den USA –, und das ist eine sehr schlechte Nachricht. Vor allem der offensichtliche Widerspruch in der Politik der USA, einerseits die Rolle der Ordnungsmacht loszuwerden und andererseits an der Nummer eins unter nationalistischen Vorzeichen festhalten zu wollen, birgt ein erhebliches Chaospotenzial, welches das gesamte globale System in Mitleidenschaft ziehen wird, ganz besonders aber Europa, das in einem hohen Maße von den USA abhängig ist – sicherheitspolitisch, wirtschaftlich und digital.

Wenn diejenigen, die kraft ihrer Stärke und Größe eigentlich Stabilitätsgaranten der globalen Ordnung sein sollten, das genaue Gegenteil dessen sind und an erster Stelle zum globalen Chaos beitragen, dann verheißt das für die neue Ordnung der Welt eine längere Phase der Unordnung und erhöhten Risikos. Einer der Hauptverursacher für diese globale Instabilität werden dabei für eine längere Übergangsphase die USA sein, solange sich die alte Nummer eins nicht entschieden hat, in welche Richtung sie geopolitisch im 21. Jahrhundert gehen will, und darüber einen neuen innenpolitischen Konsens erzielt hat – und das wird dauern. Eines aber, das ist heute schon absehbar, wird nicht funktionieren: die Nummer eins bleiben zu wollen, ohne die Rolle einer globalen Ordnungsmacht zu übernehmen, denn das ist ein Widerspruch in sich. Die Frage, die sich heute nicht beantworten lässt, ist dabei, ob es sich um einen Widerspruch nur unter Trump handelt oder ob dieser auch in die Zeit nach ihm hinüberreichen wird, denn die Wählerschaft von Trump wird mit diesem nicht abtreten, und der Widerspruch zwischen Isolationismus und der internationalen Rolle der USA wird bleiben. Ob sich dieser innere Konflikt in den USA zwischen einer isolationistischen Wählerschaft und den mehr imperial denkenden und kalkulierenden Eliten in einem neuen globalen Engagement der USA unter einem anderen Präsidenten auflösen lässt, ist aus heutiger Sicht nicht zu entscheiden. Wenn man die gegenwärtige Innenpolitik der USA verfolgt, so spricht nicht sehr viel für diese internationalistische Variante. Wie auch immer, die USA unter Trump werden sich stark verändern und die alte Zeit eines gemütlichen Transatlantismus wird nicht zurückkehren, das lässt sich schon heute prognostizieren.

Chinas Aufstieg an sich ist ein die globale politische und wirtschaftliche Ordnung erschütterndes Faktum des frühen 21. Jahrhunderts. Je mehr sich das Land seiner wachsenden Stärke bewusst werden wird, desto hegemonialer werden sein Auftreten und seine Ansprüche. Vor allem in Ost- und Südostasien droht China mit wichtigen regionalen Nachbarn, vor allem aber mit der alten Führungsmacht USA, in Konflikt zu geraten. Die Zeiten von Deng Xiaoping sind vorbei, in denen China nach der Devise »Den Kopf unten halten und weiterarbeiten« seine Modernisierung vorantrieb. Zunehmend treten in Peking Fragen des nationalen Prestiges zulasten einer pragmatischen Haltung in den Vordergrund, und Prestige hat sich im Umgang mit aufsteigenden Mächten immer als das große Risikopotenzial erwiesen – siehe das Deutsche Reich unter dem zweiten Wilhelm.

Die USA unter Trump wiederum wollen sich, wie weiland Gulliver im Land der Liliputaner, brachial aus den vermeintlichen Fesseln des von ihnen in der Vergangenheit selbst geschaffenen Systems einer auf Regeln basierenden globalen Ordnung befreien, die über Jahrzehnte hinweg ihre Vorherrschaft erfolgreich abgesichert und das Land zu einer unvergleichlichen Supermacht gemacht hat. Dies führt zur faktischen Aufkündigung tradierter Bündnissysteme und Regeln der Zusammenarbeit und zu einer tiefen Verunsicherung traditioneller Bündnispartner, ja mehr noch, zur Erschütterung regionaler Ordnungen, wie sie aus dem Zweiten Weltkrieg hervorgegangen waren und jahrzehntelang Stabilität und wirtschaftlichen Wohlstand gesichert hatten.

Diese brachiale Zertrümmerung der tradierten Pax Americana durch Trump wird allerdings ihren Preis für die Supermacht und die mit ihr verbundenen Alliierten haben, der nicht gering ausfallen wird. Trumps Außenpolitik entbehrt jeglicher kalkulierender Vernunft, wie die gescheiterten Atomgespräche mit Nordkorea, aber auch die Lage im Nahen Osten zeigen. Donald Trump, der 45. Präsident der USA, ist tatsächlich eine Revolution! Es fällt schwer, sich diese Tatsache einzugestehen, aber dieser Mann stellt die Welt, vor allem die westliche, gerade auf den Kopf, ohne dabei zu wissen oder gar auch nur ansatzweise zu überschauen, was er tut. Aber er tut es! Und das allein zählt. Man kann ihm vieles vorwerfen, aber nicht, dass er seine Wahlversprechen nicht einlösen würde.

Trump im Nahen Osten: Der Iran erweist sich dort, trotz seiner massiven wirtschaftlichen Probleme, als der Gewinner der chaotischen amerikanischen Außenpolitik. Trumps offener Verrat an den Kurden der YPG in Nordsyrien, den wichtigsten Waffenbrüdern der USA im Kampf gegen den Islamischen Staat (IS), wird das Vertrauen in die Verlässlichkeit der Vereinigten Staaten weltweit nachhaltig erschüttern und die Situation im Nahen Osten weiter verschärfen. Wladimir Putin und Russland streichen die Prestigegewinne ein, der Iran aber konsolidiert seinen Einfluss am Boden. Unter George W. Bush und durch seinen unseligen Krieg im Irak händigten die USA dieses für die Region so überaus wichtige arabische Land, das traditionell das Gegengewicht zum Iran gebildet hatte, an den Iran aus, wofür amerikanische Soldaten starben und amerikanische Steuerzahler Unsummen bezahlten. (Der Irak bildet die entscheidende Landbrücke zwischen dem Iran und Syrien/Libanon bis hin zu deren Mittelmeerküsten – der sogenannte schiitische Halbmond.) Unter Donald Trump schienen die USA nun nicht mehr zu wissen, was sie wollen: die regionale Hegemonie an Teheran zu überantworten oder volle Konzentration auf den Iran. Dieses geopolitische Dilettieren des amerikanischen Präsidenten ist hochgefährlich.

Dies wird gegenwärtig unverhüllt im Norden Syriens sichtbar. Angesichts der türkischen Invasion und des amerikanischen Verrats bleibt den Kurden nichts anderes übrig, als sich Assad zuzuwenden, der dank Trump und des Nichteingreifens seines Vorgängers Barak Obama, auch dank der fast völligen Abwesenheit Europas, und mit der Unterstützung Irans und Russlands als der Sieger im syrischen Bürgerkrieg feststeht. Ein weiterer Gewinner dürfte der IS sein.

Der Vorschlag der deutschen Verteidigungsministerin zur Einrichtung einer humanitären Schutzzone unter UN-Mandat kam viel zu spät. Putin und Erdogan waren sich bereits einig, sodass dieser Vorschlag lediglich gut gemeint, aber nicht durchdacht war. Warum sollte Europa, jenseits der Frage nach seinen militärischen Fähigkeiten, zu so später Stunde denn noch in den syrischen Krieg eingreifen? Mit welchem Ziel? Welcher Strategie? Was sollte politisch erreicht werden? Fragen, die nicht beantwortet wurden. Und so bleibt der Eindruck zurück, dass die Initiative der deutschen Verteidigungsministerin eher als Beispiel dafür taugt, wie Europa es *nicht* machen sollte, wenn es ernsthaft darüber nachdenkt, seine militärische Interventionsfähigkeit in seiner Nachbarschaft aus guten Gründen auszubauen. Innenpolitisch motivierte Schnellschüsse helfen dabei nicht weiter, im Gegenteil.

Ein überstürzter, nicht zu Ende gedachter Rückzug der USA fand schon einmal statt, nach dem Ende der sowjetischen Invasion in Afghanistan im Winter 1989, als die USA jegliches Interesse an dem Land verloren hatten und dieses den islamistischen Terrorgruppen, ihren früheren Bündnispartnern im Kampf gegen die sowjetischen Eindringlinge, überließen. Die USA hatten für diesen strategischen Fehler, für ihre mangelnde Weitsicht und Ignoranz am 11. September 2001 bitter zu bezahlen und mussten in seiner Folge militärisch bis heute nach Afghanistan zurückkehren.

Trump möchte die »endlosen Kriege« der USA beenden, indem er Soldaten zurückzieht, aber beendet er sie dadurch tatsächlich? Oder läutet er damit lediglich, aus kurzfristigen innenpolitischen Gründen, eine nächste Runde in einem lang anhaltenden Krieg ein, aber nicht dessen politische Lösung? Diese Kriege finden zudem auf einer anderen Zeitachse statt als frühere Kriege zwischen industrialisierten Staaten. Sie werden nicht geführt und in überschaubaren Zeiträumen durch Sieg oder Niederlage oder einen Kompromiss beendet. Diese Erfahrung eines »endlosen« Krieges macht gegenwärtig auch Saudi-Arabien im Jemen.

Mit einem voreiligen Abzug ohne eine politische Lösung wird Trump absehbar das Gegenteil erreichen, diese »endlosen« Kriege noch verlängern, im Gefolge seiner nicht zu Ende gedachten Entscheidungen Amerikas Bündnisse und sein Ansehen hoffnungslos ruinieren und dennoch kämpfen müssen. Es gibt keinen Pensionsplan zwischen der Weltgeschichte und einer Supermacht, der Ruhestand ist für eine Supermacht nicht vorgesehen. Wohl aber der globale und auch regionale Niedergang.

Trotz alledem, der weltpolitische Hauptakteur heißt gegenwärtig Donald Trump, ob es gefällt oder nicht! Es wird in einer breiteren Öffentlichkeit in Europa allzu leicht vergessen, dass Donald Trump nicht zuerst und vor allem eine bizarre Figur mit sehr begrenzten Fähigkeiten ist, sondern dass er der gewählte Präsident der USA ist. Über mehr Macht verfügt kein anderer Mensch auf diesem Globus, und das allein ist es, was politisch zählt. Ob er einem als Mensch und Präsident zusagt, ist dabei erst einmal ohne Belang. Seine Macht und die Konsequenzen dessen, was er tut oder unterlässt, die Reichweite seines Handelns oder auch Nichthandelns sind allein wegen seines Amtes gewaltig.

Auch wenn es schwerfällt, sich dies einzugestehen, Donald Trump schreibt Geschichte – frei nach Hegel – als Weltgeist in Blond. Er gestaltet den Übergang vom 20. ins 21. Jahrhundert, von der Pax Americana in das pazifisch-chinesische Zeitalter. Und sein Hauptprinzip scheint dabei »Chaos« zu lauten. Zudem ist er kein Freund Europas und der EU. Er ist ganz offensichtlich auch kein Meister des Rückzugs.

Das trumpsche Prinzip »Chaos« und seine Konsequenzen lassen sich gegenwärtig im schon seit Langem chaotischen Nahen Osten, neben Syrien auch am Persischen Golf, trefflich studieren. Trump hat sich einseitig aus der Nuklearvereinbarung mit dem Iran, die sein Vorgänger Barak Obama und fünf weitere Mächte mit dem Iran abgeschlossen hatten, zurückgezogen, ohne offensichtlich auch nur einen Gedanken auf die weiteren Folgen zu verschwenden. Stattdessen wurde mittels neuer Sanktionen, die den Ölexport des Irans fast verunmöglichen, eine neue Runde der Konfrontation eingeleitet. Dem Iran droht ein wirtschaftlicher Kollaps, aber dieser wird nicht zum Kollaps des Regimes führen, sondern zu dessen Radikalisierung im Innern und nach außen. Der repressive Sicherheitsapparat zeigt bis heute keinerlei Risse – und nach außen ist das Regime stärker denn je.

Der alte Nahe Osten focht im Wesentlichen einen langen Konflikt in mehreren Kriegen aus: den Kriegen zwischen Israel und den Arabern. Zudem ging es aus westlicher Sicht um die Sicherung der Tankstelle der Weltwirtschaft, um die Sicherung des Öls am Persischen Golf und auf der Arabischen Halbinsel.

Im neuen Nahen Osten hingegen kämpfen regionale Mächte um die Vorherrschaft, seitdem mit Barack Obama der Rückzug der USA aus der Region begonnen hat und unter Donald Trump fortgesetzt wurde. Die USA haben durch ihren – und sei es auch nur vermeintlichen, von den regionalen Akteuren unterstellten – Rückzug, durch das militärische Nichteingreifen in Syrien unter Obama nach dem Einsatz von Giftgas durch Assad, obwohl Obama genau hier öffentlich eine »rote Linie« gezogen hatte, ein machtpolitisches Vakuum geschaffen.

In der Machtpolitik zählt die Wahrnehmung oft genauso viel wie die Realität, und so ist es auch in diesem Fall gewesen. Die Verhandlungen mit dem Iran und der Abschluss der Nuklearvereinbarung wurden auf arabischer wie auch israelischer Seite als ein Schritt des Rückzuges der USA, ja schlimmer noch, als ein potenzieller machtpolitischer Koalitionswechsel zugunsten des Iran interpretiert (was nicht der Fall war), und fortan wurde von den regionalen Mächten alles getan, damit dieses Vakuum nicht zu ihren Lasten ausgefüllt würde. Syrien und Jemen, beides Länder mit andauernden Bürgerkriegen, waren die ersten Opfer dieser neuen Konstellation im Nahen Osten und sind es bis heute geblieben.

Wie gesagt, dies alles geschah schon unter Trumps Vorgänger im Weißen Haus. Aber Barak Obama verfügte wenigstens noch über eine politische Ordnungs-vision für den Nahen Osten: Er wollte erstens das Atomabkommen mit dem Iran dazu nutzen, einen nuklearen Rüstungswettlauf, das größte Risiko in der Region mit massiven negativen Auswirkungen bis hin nach Europa, zu verhindern. Und zweitens sollte innerhalb von zehn Jahren, der Laufzeit der Vereinbarung, und durch die Aufhebung der meisten Sanktionen der Iran mittels wirtschaftlichen Wachstums in die Staatengemeinschaft reintegriert werden, um so zu einer weiter reichenden Vereinbarung und zu einer dauerhaften Entspannung mit dem Iran zu kommen. Der Iran ist nach Israel wohl die am meisten ernst zu nehmende Militärmacht in der Region, zunehmend gilt dies auch technologisch trotz (oder vielleicht auch wegen?) der anhaltenden wirtschaftlichen und technologischen Isolierung des Landes, ob dies gefällt oder nicht. Allein das Faktum zählt.

Wäre Hillary Clinton zur amerikanischen Präsidentin gewählt worden, so wäre es mehr oder weniger auch so gekommen. Es wurde aber Donald Trump gewählt, der sein Wahlversprechen – weg mit dem schlechtesten Deal aller Zeiten! – zur Außenpolitik der USA machte und dabei auch durch die Ablehnung der Politik seines Vorgängers angetrieben wurde. So verirrte er sich fast blindlings im Minenfeld des Nahen Ostens. Mit dem Abgang des letzten »Erwachsenen« in Trumps Umfeld, von Verteidigungsminister Matthis, war dessen Hineinstolpern in das nahöstliche Minenfeld endgültig vollzogen.

Trump wollte erklärtermaßen keinen Krieg mit dem Iran, eskalierte aber mittels scharfer, den Ölexport fast erdrosselnder Sanktionen gegen den Iran und der einseitigen Aufkündigung des Atomabkommens, als ob er genau diesen wollte! Er wollte auch keinen erzwungenen Regimewechsel in Teheran, tat aber alles, um das Regime wirtschaftlich in den Abgrund zu stürzen. Das Mullahregime sah dem nicht tatenlos zu, weder in Syrien noch am Golf, sondern begann sich zu wehren. Es hatte, nach der Erfahrung seiner fast kompletten Isolierung in dem mörderischen, acht Jahre dauernden Krieg mit Saddam Hussein (nur noch Israel lieferte damals dem bedrängten Iran Waffen) unter dem Einsatz von viel Geld, Ausbildern und Waffen ein die gesamte Region überziehendes Netzwerk von meistens schiitischen Unterstützungsgruppen aufgebaut, die es zu aktivieren begann. Das Ergebnis ist bekannt: der durch die erneuerten amerikanischen Sanktionen drohende wirtschaftliche Kollaps des Iran, der von der Supermacht hingenommene Tankerkrieg am Golf und in Gibraltar und der nächtliche Drohnenangriff auf das Herz der saudischen Ölindustrie, der militärisch ebenfalls seitens der USA und Saudi-Arabiens folgenlos blieb – ein in der gesamten Region widerhallendes Signal der Schwäche. Trump versuchte durch eine militant klingende Rhetorik und massive Waffenexporte nach Saudi-Arabien die Tatsache des unter ihm tatsächlich beabsichtigten Rückzugs notdürftig zu verbergen.

Saudi-Arabien, mit seinem Ölreichtum und als sunnitische Führungsmacht, hat Ambitionen auf die regionale Hegemonie, zumindest am Persischen Golf und der Arabischen Halbinsel, und sieht dabei in der schiitischen Führungsmacht Iran seinen großen Rivalen. Im Südwesten der Arabischen Halbinsel, im Jemen, führen die beiden Aspiranten auf die Hegemonie bereits einen unseligen Stellvertreterkrieg mit großen Opfern unter der Zivilbevölkerung.

Im Spätsommer 2019 kam es völlig überraschend zu dem erwähnten nächtlichen Drohnenangriff auf die saudische Ölindustrie, der in der Weltwirtschaft einen Schock auslöste. Ungehindert konnten mehrere Drohnen und Cruise Missiles erst längere Zeit den saudischen Luftraum durchqueren und dann präzise koordinierte Angriffe mit der Folge großer Zerstörungen starten. Die saudische Luftabwehr, so es sie denn gegeben hat, schien sich im Tiefschlaf befunden zu haben, zudem müssen die Angreifer auch intime Kenntnisse der Lage vor Ort gehabt haben, was ebenfalls nicht für die saudische Spionageabwehr spricht.

Der Schlag kam aus dunkler Nacht, ohne Vorankündigung. Was auffällt, ist die zeitliche Nähe zum G7-Gipfel in Biarritz und zur Vorbereitung eines Gesprächs zwischen den beiden Präsidenten Trump und Rohani. Der Gipfel fand Ende August statt, der Angriff Mitte September, zeitlich auch passend zur Generalversammlung der UN in New York. Sie begann ebenfalls Mitte September, auf der beide Präsidenten anwesend waren und ein mögliches Treffen hätte stattfinden können.

Spielte bei dem nächtlichen Angriff auf das Herz der saudischen Ölindustrie auch der Machtkampf zwischen Radikalen und Gemäßigten innerhalb des iranischen Regimes eine Rolle, das unter den amerikanischen Ölsanktionen ächzt? Und ist Amerikas Position im Nahen Osten unter Trump, trotz dessen militant-aggressiver Rhetorik, mittlerweile wegen der Rückzugsversprechen von Trump an seine Wählerschaft so schwach, dass die Radikalen in Teheran einen solchen Angriff aus innenpolitischen Gründen wagen konnten? Die Fakten legen eine bejahende Antwort nahe.

Zudem spielt nicht nur in den USA die Innenpolitik eine entscheidende Rolle, sondern auch in Teheran. Es gibt Hinweise, dass die Radikalisierung der Revolutionswächter auch im Zusammenhang mit den kommenden Wahlen von Parlament und Präsident zu sehen ist und der Nachfolgefrage für den obersten Revolutionsführer Ali Khamenei. Wollen die Revolutionswächter eine Konzentration der gesamten institutionellen Macht in ihren, d.h. in radikalen Händen, um für die Nachfolgefrage gerüstet zu sein? Die Entwicklungen innerhalb der Machtelite des Regimes dürften in diesem Prozess auf jeden Fall eine große Rolle spielen.

Mit dem möglichen Ausscheiden Saudi-Arabiens aus dem hegemonialen Machtkampf im neuen Nahen Osten wegen erwiesener Schwäche ist dieser Kampf jetzt offen und unverhüllt bei den beiden militärisch stärksten Regionalmächten, bei Israel und dem Iran, angekommen oder bei der direkten Konfrontation zwischen USA und Iran und treibt so in eine Richtung, die sich als sehr gefährlich erweisen wird, nicht nur für die Region, sondern für die Welt. Das Gleiche gilt für Syrien, denn dort besteht die Gefahr, dass sich der Iran, wie bereits im Libanon, dauerhaft an der israelischen Nordgrenze festsetzt und Israel aus kurzer Distanz direkt bedrohen kann. In der westlichen Presse erscheint vor allem Wladimir Putin als der große Gewinner, aber dabei geht es vor allem um Prestige. »Alle Wege führen nach Moskau« heißt es da im Zusammenhang mit der Entwicklung an der Nordgrenze des Landes, man spricht auch von einer Aufteilung Syriens zwischen Erdogan und Putin. Der Iran sucht sein Prestige in der Rolle der regionalen Hegemonialmacht, gegen die nichts geht. Ihm wird es recht sein, dass er wenig sichtbar im Hintergrund bleibt und Russland die diplomatische Bühne überlässt, solange er seine Position in Syrien konsolidieren kann.

Hinzu kommt, dass der Iran mit diesem Angriff gezeigt hat, wer die dominierende Kraft am Persischen Golf ist, gegen die kaum noch etwas geht, und wie unentschlossen die USA mittlerweile sind. Das wirft die Frage auf, ob angesichts der erwiesenen Schwäche Saudi Arabiens Trump mit seiner Zurückhaltung gegenüber dem Iran und seinen militärischen Abzugsplänen ungehindert weitermachen wird können. Die Tötung von Qassem Suleimani gibt uns darauf eine negative Antwort und wirft zugleich die weiteren Fragen auf, ob Trump zu einem noch sehr viel größeren und teureren Krieg im Nahen Osten gegen Iran bereit sein wird, als es der Irakkrieg gewesen war. Und was wird in diesem völlig neuen Umfeld der erhöhten Kriegsgefahr aus dem iranischen Atomprogramm werden? Es fehlt den USA unter Trump jegliche Strategie für den Nahen Osten, darin liegt das eigentliche, das strategische Risiko. Für Trump hat seine Wiederwahl und sein Wahlversprechen, die Truppen abzuziehen, Priorität, nicht aber die Stabilität oder gar der Schutz seiner Bündnispartner im Nahen Osten. Schon sein Amtsvorgänger Barak Obama musste in Syrien lernen, dass eine unterbliebene, gleichwohl zuvor öffentlich angekündigte militärische Reaktion schlimme Folgen haben kann, nämlich einen umfassenden Vertrauensverlust. So auch in diesem Fall. Alle Staaten im Nahen Osten werden daher ihre Interessen und Loyalitäten neu überdenken und die entsprechenden Schlüsse daraus ziehen.

Israel ist durch die iranische Fähigkeit zu präzisen Angriffen mittels Drohnen und Raketen oder Cruise Missiles über lange Distanzen hinweg aufs Höchste alarmiert und sieht darin eine direkte Bedrohung seiner nationalen Sicherheit, vor allem dann, wenn die libanesische Hisbollah mit solchen Fähigkeiten durch den Iran ausgestattet würde. Oder der Iran von Syrien aus angreifen könnte. Die Hisbollah verfügt über ein riesiges Arsenal von nicht steuerbaren Raketen. Sollte der Iran die libanesischen Gotteskrieger mit den neuen iranischen Präzisionslenkwaffen ausrüsten, so würde sich die Bedrohungslage für Israel fundamental ändern.

Ein ähnlich präziser Angriff wie in Saudi-Arabien auf Israel würde den neuen Nahen Osten in einen Krieg stürzen, der alles bisher Gekannte in dieser Region um Größenordnungen übersteigen würde. Es darf dabei auch nicht vergessen werden, dass Israel Atommacht ist und im Falle der Bedrohung seiner nationalen Existenz mit jedem Mittel zurückschlagen würde. Trumps außenpolitischer Dilettantismus, seine offensichtlich für die Stabilität des Nahen Ostens gefährliche Mischung aus Wortradikalismus und dem Fehlen jeglicher Strategie hat ganz entscheidend zu dieser Situation beigetragen und den Iran und dessen Partner in Syrien, nämlich Assad und Russland, entscheidend gestärkt. Die einseitige Aufkündigung des Nuklearabkommens mit dem Iran ohne auch nur den Schatten einer konstruktiven Idee über das, was danach erfolgen sollte, erwies sich als ein törichter Fehler, wie auch der ruchlose Verrat an den einstmals verbündeten Kurden.

Der Verrat an den Kurden im Norden Syriens ist nicht nur von besonderer moralischer Perfidie gewesen, sondern war darüber hinaus, jenseits aller moralischen Erwägungen, auch völlig unnötig und wird sich durch den damit einhergehenden Glaubwürdigkeitsverlust Washingtons in Zukunft noch als sehr teuer für die USA erweisen. Es steht zu befürchten, dass der bereits militärisch geschlagene Islamische Staat, trotz der Tötung seines Anführers al-Bagdhadi, ein zweites Leben erhalten hat. Und das alles geschah unter der Überschrift »Einen der endlosen Kriege der USA beenden!«.

Auch die Tötung Suleimanis gibt keine Antwort auf die Frage nach der Strategie der USA. Werden sie am weiteren Rückzug aus der Region festhalten oder als militärische Ordnungsmacht im Nahen Osten mit all deren Kosten und Risiken verbleiben? Es hat sich also lediglich die Kriegsgefahr zwischen den USA und Iran gefährlich erhöht.

Mitten hinein in das von Trump angerichtete nahöstliche Chaos kommt nun die Nachricht auf Seite 1 der New York Times, dass die Türkei Nuklearwaffen anstrebt. Dies habe Präsident Erdogan im September vor seiner Partei erklärt: »Einige Länder haben Raketen mit nuklearen Sprengköpfen. Aber der Westen besteht darauf, dass wir diese nicht haben dürfen. Das kann ich nicht akzeptieren«, so der türkische Präsident. Eine Türkei, die nuklear gehen will, das würde nicht nur die sicherheitspolitische Lage in der Region, sondern auch für Europa grundsätzlich verändern, denn damit würde genau das passieren, was viele seit Langem im Zusammenhang mit dem iranischen Atomprogramm fürchten: ein nuklearer Rüstungswettlauf im Nahen Osten mit enormer destabilisierender Wirkung. Wie wird Israel reagieren? Wie der Iran? Wie Griechenland (Mitglied der EU und der Nato)? Wie die Nato? Wie Europa?

Man kann sich des Eindrucks nicht erwehren, dass Putin den Hebel der nuklearen Zusammenarbeit mit der Türkei (Russland baut den ersten zivilen türkischen Atomreaktor zum Zweck der Stromproduktion) benutzen will, um die Türkei aus der Nato herauszubrechen. Russland hat auch den ersten iranischen zivilen Atomreaktor in Busheer am Persischen Golf gebaut und wird dies auch in der Türkei tun. Die nukleare Großmacht Russland scheint als direkter regionaler Nachbar beider Länder voll auf seine atomare Abschreckungsfähigkeit zu vertrauen. Eine extrem kurzsichtige Strategie!

Gewiss, die Türkei ist noch weit entfernt von der Bombe, und sollte die Regierung die Absichtserklärung von Erdogan in praktische Schritte umsetzen, so würde sie mit heftigen Gegenreaktionen, vor allem wirtschaftlicher und finanzieller Natur seitens des Westens, zu rechnen haben: Dies würde die Türkei schwerer treffen als den Iran, da sie sehr viel mehr in die Weltwirtschaft integriert ist als der Iran. Erdogans Anhängerschaft dürfte ihm einen wirtschaftlichen Absturz des Landes kaum vergeben.

Aber allein die Ankündigung durch Erdogan reicht fürs Erste, um eine destabilisierende und eskalierende Wirkung in seinem Sinne zu erzielen. Die Türkei auf dem Weg zu einer neoosmanischen Regional- und perspektivischen Nuklearmacht. Derselbe neoimperiale Traum (ohne »osmanisch«) wird in Teheran geträumt. Es geht nicht um reale Gefahren und Bedrohungen, sondern vor allem ums Prestige, und genau das macht diese Entwicklung so gefährlich. Sollten die drei großen muslimischen Nationen – Iran, Pakistan und Türkei –, alle am Rande des eigentlichen Nahen Ostens gelegen, Nuklearmächte werden (Pakistan ist es bereits), so wäre nicht nur die Region, sondern die Welt eine andere. So sieht sie aus, die Welt des 21. Jahrhunderts, in ihr wird Stabilität zur Mangelware.

Die aktuell größte Bedrohung aber – angesichts der Größe der Kontrahenten – geht von dem Handelskrieg zwischen den USA und China aus, denn in diesem geht es seit Längerem nur noch vordergründig um Zolltarife und den gegenseitigen Handel, auch nicht mehr nur um die Erfüllung eines der zentralen Wahlkampfversprechen von Donald Trump im letzten Präsidentschaftswahlkampf, sondern um sehr viel mehr: um Technologie und um die Hegemonie in der neuen Weltordnung des 21. Jahrhunderts.

Auch hier stehen die Zeichen auf Erhöhung der Risiken, selbst wenn man im Handelskrieg einen teilweisen Waffenstillstand erreicht hat, weil aktuell beide Seiten mit anderen Dingen beschäftigt sind: Trump mit dem Impeachmentverfahren gegen ihn und mit der Rebellion des außenpolitischen Establishments der Republikanischen Partei im Senat wegen Syrien und seinem Verrat an den Kurden, Xi Jinping mit der nicht enden wollenden Krise um Hongkong.

Die Signale zwischen den beiden Riesen zeigen auch deshalb in Richtung verschärfter Spannungen, weil man mehr und mehr auch jenseits des Trump-Lagers in den USA China als den einzigen ernst zu nehmenden technologischen Rivalen begreift, der zudem dazu ansetzt, die USA zu überholen und von ihrer globalen Spitzenposition zu verdrängen, und der sich dabei keineswegs regelgerecht verhält. So wurde in unseren Tagen aus einem Handelskrieg nach und nach ein Technologiekrieg, der mit harten Bandagen geführt wird und bei dem es um sehr viel mehr geht als um Zölle, sondern um die Rolle der globalen Nummer eins im 21. Jahrhundert.

Wir reden heute nicht mehr nur über graue Theorie, wenn von einer neuen Weltordnung die Rede ist, nicht mehr nur über Prognosen in außen- und sicherheitspolitischen Expertenrunden, sondern von handfesten Krisen und Konflikten in der Realität, die sich vor unseren Augen abspielen und sich schnell zu militärischen Konfrontationen auswachsen können, nicht nur auf lokaler oder regionaler Ebene, sondern auch auf der Ebene der nuklearen Weltmächte.

Diese neue Weltordnung wird auch entlang neuer Technologien zu einer globalen Neuverteilung von Macht und Wohlstand führen. Hier stellt sich für Europa, für die Zukunft des Alten Kontinents, die entscheidende Frage: Wird Europa bei dieser Neuverteilung aufgrund eigener Kompetenz und technologischer Stärke mit dabei sein oder von den beiden Großen endgültig abgehängt und damit von ihnen abhängig werden? Wird Europa also im 21. Jahrhundert ein Leben unter fremder Einflussnahme und in wirtschaftlicher Abhängigkeit zu führen haben? Die Beantwortung dieser Frage wird ausschließlich und allein vom Willen der Europäer zur eigenen Souveränität abhängen.

Darüber hinaus ist die Welt in die Zeit der erfahrbaren Konsequenzen einer systemischen Überforderung der globalen Umwelt und des Weltklimasystems eingetreten, deren Konsequenzen eine lang andauernde

Veränderung der ökonomischen, politischen und zivilisatorischen Rahmenbedingungen für die Geopolitik nach sich ziehen werden.

Noch vor zwanzig Jahren konnte man auf Vertagungsstrategien und Aussitzen setzen, es würde schon nicht so schlimm kommen wie prognostiziert. Heute wissen wir es besser! O doch, es kam so schlimm und vor allem sehr viel schneller als gedacht! Auf der Ebene der Geopolitik aber wird sich die Klimakrise als ein weiterer, etablierte Machtstrukturen erschütternder Faktor erweisen. Mit der eskalierenden Klimakrise wird ein neuer Unsicherheitsfaktor im globalen System des 21. Jahrhunderts hinzukommen. Wir wissen heute noch nicht, wie und wie schnell diese Auswirkungen auf die globale Ordnung durchschlagen werden, aber bereits heute wissen wir mit hundertprozentiger Sicherheit, dass diese auf die globale Ordnung durchschlagen werden.

Ein langfristiger Anstieg des Meeresspiegels, mit dem realistischerweise zu rechnen ist – neueste Studien sprechen davon, dass bis 2050 dreimal so viele Menschen (300 Millionen) als bisher angenommen vom Anstieg des Meeresspiegels betroffen sein werden, 70 Prozent der gefährdeten Menschen leben dabei in acht asiatischen Staaten –, wird nicht nur enorme Konsequenzen wegen der einsetzenden Flüchtlingsströme haben, denn ein großer Teil der Menschheit lebt in großen Städten an den Küsten. Dort befindet sich auch ein zentraler Teil des globalen Wirtschaftspotenzials. Ein menschengemachter Tsunami kommt mit dem durch die Klimaerwärmung bedingten Schmelzen der Polkappen und des grönländischen Festlandeises auf die Menschheit zu und droht auch das globale politische System in seinen Grundfesten zu erschüttern. Das Jahr 2015 mit seiner großen Flüchtlingsbewegung Richtung Europa vermittelte eine Ahnung von dieser Zukunft.

Ein geopolitisches Augenblicksbild der Krisen aus dem Spätsommer 2019: die koreanische Halbinsel, die demokratischen Massenproteste in Hongkong und Moskau, Taiwan, Kaschmir, Iran, die Arabische Halbinsel und der Persische Golf, Jemen, Syrien, Drohnenangriffe auf die saudische Ölförderung und den Ölexport des Landes, der Nahe Osten insgesamt, die Ukraine, das Ende des INF-Vertrages (nukleare Mittelstreckenwaffen) in Europa und die sich abzeichnende tiefe Krise der nuklearen Rüstungskontrolle (wenn der »New-START-Vertrag« nach 2021 auslaufen wird), die Ankündigung eines neuen Wettrüstens mit Mittelstreckenraketen in Asien und dazu noch das brennende Amazonien. All das wird gekrönt von dem Handels-und-Technologie-Krieg zwischen den USA und China, der nicht nur langfristige weltpolitische Folgen zeitigt, sondern auch ganz aktuell den Welthandel mit der Möglichkeit einer ernsthaften wirtschaftlichen Rezession bedroht.

Gewiss, solche Krisen und schlimmere gab es auch in früheren Jahrzehnten, unter der alten, bipolaren Weltordnung des Kalten Krieges und der sie ablösenden unipolaren, allein durch die Supermacht USA dominierten Ordnung nach dem Ende des Kalten Krieges. Der entscheidende Unterschied besteht darin, dass es seit Trump keine globale Ordnungsmacht (oder »Weltpolizisten«) mehr gibt, mit der im Krisenfall wie selbstverständlich immer zu rechnen war. Genau diese Führungsrolle der USA hatte Trump im Wahlkampf seiner Wählerschaft versprochen zu beenden, und er hat sie beendet.

Historisch gesehen war die Verschiebung des politischen Schwerpunkts der Welt in den nordatlantischen Raum jüngeren Datums und wird in unserer Zeit gerade wieder zugunsten Eurasiens revidiert. Der Aufstieg des Nordatlantiks begann mit dem Ausgreifen der Europäer Richtung Westen, mit der historischen Entdeckungsfahrt des Christopher Kolumbus über den Atlantik im Jahr 1492. Andere europäische Mächte folgten den Spaniern und Portugiesen, und mit der europäischen Besiedelung des nordamerikanischen Kontinents entstand im Laufe der Zeit ein westlicher, ein nordatlantischer geopolitischer Raum zwischen dem westlichen Europa und dem nordöstlichen Amerika, einem Ableger Europas, der sich kulturell, wirtschaftlich und militärisch der traditionellen kontinentalen Achse – Eurasien vom Pazifik bis zum Atlantik – als überlegen erwies. Entlang dieser eurasischen Hauptachse hatten sich die frühesten menschlichen Zivilisationen, mit Ausnahme Mesoamerikas, entwickelt, auf dem Superkontinent Eurasien lebte und lebt über viele Jahrtausende hinweg die große Mehrheit der Menschheit bis auf den heutigen Tag. Was auf der eurasischen Hauptachse geschah, war bis zum Aufstieg des Nordatlantiks von entscheidender Bedeutung. Mit dem heutigen Niedergang des Westens und dem Aufstieg Chinas tritt der nordatlantische Raum erneut in den Hintergrund und wird wieder durch den Indopazifik und die alte eurasische Hauptachse abgelöst. Für Europa heißt dies, von einer Mittellage erneut in eine Randlage zu rutschen, weg vom dominanten Zentrum.

Entlang dieser uralten eurasischen Hauptachse zwischen Pazifik und Atlantik entwickelt die aufstrebende Supermacht China seit einigen Jahren ihre wichtigste geopolitische Strategie, die neue Seidenstraße, die faktisch auf einen Ausschluss der heutigen Nummer eins hinausläuft. China als »Reich der Mitte« nimmt auch sichtbar geopolitisch das neue Zentrum ein, zwischen eurasischer Hauptachse und dem Pazifik gelegen. Ganz offensichtlich sieht die Landmacht China den eurasischen Superkontinent als ihre kommende Einflusszone, in der die Seemacht USA nur bedingt Präsenz zeigen kann. Sie hat dort, so die Meinung Pekings, eigentlich nichts zu suchen.

Vordergründig geschieht diese Ausdehnung der chinesischen Einflusszone auf dem eurasischen Superkontinent vor allem zulasten Russlands und auch Europas. Aber strategisch geht es bei dem Großprojekt »Neue Seidenstraße«, jenseits der Exportförderung für den chinesischen Außenhandel, vor allem um die strategische Machtverteilung zwischen den beiden globalen Großmächten des 21. Jahrhunderts.

Dabei handelt es sich keineswegs nur um Erwartungen, deren Realisierung in der ferneren Zukunft liegt. Bereits heute ist China mit großen Infrastrukturinvestitionen auf dem Balkan und in den Ländern des europäischen Südens präsent, die allerdings noch weit hinter den Finanzmitteln zurückbleiben, welche die EU in diesen Regionen zur Verfügung stellt. Nur dass weder in Brüssel noch in den betroffenen Ländern irgendjemand auf die Idee käme, die jährlich fließenden EU-Mittel als machtpolitisch strategisches Instrument Europas zu begreifen. Dieses Wahrnehmungsdefizit wird sich ändern müssen. China wird versuchen, langfristig im Süden und Südosten Europas seinen Einfluss auszubauen. Wenn Europa nicht über kurz oder lang zum Schauplatz der sinoamerikanischen Rivalität werden soll, was im Falle des 5G-Netzausbaus und der Kontroverse um Huawei bereits der Fall ist und definitiv nicht im Interesse Europas liegen kann, dann müssen die Europäer sehr schnell ihre eigene souveräne Stärke entwickeln und sich um ihre Peripherie kümmern. Die jüngste, alles andere als weitsichtige Entscheidung des Europäischen Rates, die Beitrittsverhandlungen mit Albanien und Nordmazedonien nicht zu eröffnen, macht diesbezüglich allerdings wenig Hoffnung. Andererseits: Die Zeit drängt!

Am westlichen Ende dieser eurasischen Hauptachse zwischen Pazifik und Atlantik liegt Europa (und mitten in Europa Deutschland). Als reich, alt und schwach könnte man es in seinem gegenwärtigen Zustand auch charakterisieren, neuerdings auch nur noch mit eingeschränktem amerikanischem Schutz versehen. Kann sich dieses Europa noch einmal zusammenreißen, seine Schwäche überwinden und seine Interessen und seine Art zu leben verteidigen? Was also wird aus Europa in dieser neuen Weltordnung werden? Allein auf sich gestellt, nachdem Trump die transatlantische Sicherheitsgarantie mit einem großen »Vielleicht!« versehen hat? Und die EU politisch und wirtschaftlich gar als Feind sieht, deren Zerstörung er zu seinem politischen Ziel erklärt hat?

Kann Europa seine Einheit und Geschlossenheit bewahren ohne die Unterstützung der USA oder gar gegen deren ausdrückliche Feindschaft? Kann eine europäische Ordnung ohne die USA überhaupt funktionieren oder droht dieses von seinem transatlantischen Sicherheitsgaranten verlassene Europa wieder in seine alten kleinteiligen Konflikte und gegeneinandergerichteten Allianzen zurückzufallen? Funktioniert Europa ohne die ausgleichende Macht der USA und ohne deren Protektion?

All diese Fragen müssen mit großer Dringlichkeit hier und heute beantwortet werden, und zwar von den Europäern selbst. Und alle können positiv beantwortet werden, wenn Europa und seine Bürger die Anstrengungen, Mühen und Kosten nicht scheuen. Zentral ist dabei die Frage nach der Rolle der größten Volkswirtschaft der EU, nach dem Land in der Mitte Europas, nach Deutschland. Sowohl die letzten Europawahlen mit ihrer starken Mobilisierung der Bürgerinnen und Bürger in nahezu allen Mitgliedstaaten der EU als auch die europäische Geschlossenheit in den quälend langen Brexitverhandlungen machen dabei Hoffnung. Andernfalls wird Europa es mit einer selbsterfüllten negativen Prophezeiung zu tun bekommen. Europa wird sich entscheiden müssen.

Der Außendruck auf Europa nimmt zu, von allen Seiten. Eurasien mit China als der dahinterstehenden aufsteigenden Supermacht des 21. Jahrhunderts auf der einen Seite und seit Trump auch der Druck aus dem Westen, von dem ehemals engsten Bündnispartner und Sicherheitsgaranten USA. Durch diesen wachsenden Druck von außen, inklusive Brexit, eröffnet sich aber zugleich eine Chance für Europa, sich unter völlig anderen Rahmenbedingungen neu zu erfinden.

Die Machtpolitik ist mit dem Verschwinden der Pax Americana und dem Aufstieg Chinas auf die Weltbühne zurückgekehrt, ein allein zurückgelassenes Europa wird sich darauf einzustellen haben. Beispiel Nahost: Diese Region liegt tatsächlich vor der europäischen Haustür, nicht vor der amerikanischen, und wird vor allem eine Gefahr für ihren Nachbarkontinent und nicht für das ferne Amerika bilden, bis hin zur Massenmigration. Auf ein Amerika unter Trump ist kein Verlass mehr, Europa kann oder will noch nicht, wird aber müssen, wenn es seine eigene Sicherheit ernst nimmt. Was nicht heißt, dass beispielsweise eine militärische Intervention in Syrien jetzt irgendeinen Sinn machen würde, selbst wenn die Europäer könnten und wollten. Dazu ist es zu spät. Zudem ist der Nahe Osten von außen nicht zu befrieden, schon gar nicht durch »christliche« Mächte. Weder Frankreich noch Großbritannien noch gar den USA ist dies gelungen, und auch Russland wird es nicht bewerkstelligen. Nach einhundert Jahren westlicher Präsenz in der Region muss man diese Bilanz realistischerweise ziehen. Diese Region wird ihre Konflikte selbst lösen müssen, und das wird sehr lange dauern und alles andre als unblutig verlaufen. Aber eine dauerhafte, belastbare Friedensordnung setzt den Willen und die Einsicht der Beteiligten in der Region voraus und kann nicht von außen erzwungen werden. Wenn der Nahe Osten eingeklemmt bleibt zwischen der Suche nach Protektion durch eine Weltmacht von außen und einem intraregionalen Machtkampf um die Hegemonie, dann wird die Zukunft dieser Region schrecklich werden. Europa hat dies alles zwischen dem 16. und 20. Jahrhundert auch erlebt. Nur eine Beendigung dieses Hegemonialkampfes und der Religionskriege hat eine auf Zusammenarbeit, Recht und Gewaltverzicht beruhende dauerhafte Friedensordnung namens EU ermöglicht. Der Nahe Osten sollte davon lernen.

Europa wird durch das Heraufziehen einer neuen Weltordnung vor eine historische Alternative gestellt. Macht oder Knecht lautet die Alternative für den Alten Kontinent im 21. Jahrhundert, der unter den Jahrzehnten amerikanischen Schutzes jeglicher eigenständiger Machtpolitik entwöhnt worden war. Dazu wird auch die Einsicht gehören, dass nicht alles, was humanitär wünschbar ist, sich realpolitisch auch als

machbar erweist. Der Knecht kann fordern und kriti-
sieren, die Macht muss liefern oder muss dann, wenn
sie nicht liefern kann oder will, den moralischen
Druck aushalten. Dies ist kein unwichtiger Teil der
Souveränität.

Europas erzwungene gaullistische Wende

»Die Zeiten, in denen wir uns auf andere völlig verlassen konnten, sind ein Stück weit vorbei, das habe
ich in den letzten Tagen erlebt, und deshalb kann ich
nur sagen, wir Europäer müssen unser Schicksal wirklich in unsere eigene Hand nehmen.« So die Worte von
Bundeskanzlerin Angela Merkel im Bierzelt im bayri-
schen Trudering im Mai 2018. Richtige, für die Kanz-
lerin und überzeugte Transatlantikerin außergewöhn-
lich offene, ja visionäre Worte. Zurück blieb seitdem
allein die große, für Angela Merkel fast schon übliche
Frage: Was folgt daraus? Für Europa? Für Deutschland?

Mit dem Ende des Zweiten Weltkriegs hatte auch
die weltpolitische Rolle europäischer Mächte, ja europäischer Souveränität überhaupt, ihr Ende gefunden.
Die einstmals stolzen außereuropäischen Imperien waren in rascher Abfolge zerfallen, und im Europa nach
dem Ende des Zweiten Weltkriegs fiel durch die Macht
der militärischen Fakten die Souveränität der europäischen Staaten an die beiden nicht europäischen,
gleichwohl mit Europa eng verbundenen Hauptsiegermächte USA und Sowjetunion.

Europa hätte aus eigener Kraft und ohne die USA

in den Vierzigerjahren des 20. Jahrhunderts nicht Faschismus und Nationalsozialismus besiegen und später, in der zweiten Hälfte der Vierzigerjahre, kaum eine weitere Westausdehnung der Sowjetunion aus eigener Kraft verhindern können. Im Klartext: Zwei nicht europäische Mächte, die USA und die Sowjetunion, bestimmten nach dem 8. Mai 1945, was in Europa geschah, nicht mehr die Europäer selbst. Dieses Faktum, nach über siebzig Jahren anscheinend nur noch von historischem Interesse, wiegt ganz aktuell politisch schwer, ganz besonders in einer Zeit des Übergangs zu einer neuen Weltordnung, wo alle relevanten Akteure ihre Position zueinander neu ordnen müssen. Dies gilt vor allem für die Europäer, die zum ersten Mal seit 1945 wieder allein auf sich gestellt sind.

Die europäischen Mächte waren damals, 1945, nach mehreren Jahrhunderten ihrer globalen Dominanz von der Weltbühne abgetreten. Dieselbe Ursache, nämlich der innereuropäische Machtkampf, der die Europäer auf die großen Ozeane und in die Welt hinausgetrieben und zur Weltherrschaft geführt hatte, führte Jahrhunderte später auch zur Zerstörung und zum Ende der globalen Vorherrschaft europäischer Mächte: durch die beiden zu Weltkriegen gewordenen europäischen Hegemonialkriege im 20. Jahrhundert. Stattdessen bestimmten die Interessen der beiden neuen kontinentalen Weltmächte und späteren Supermächte fortan Europa und die Welt.

Es sei nicht vergessen, dass es Deutschland gewesen war, das in der ersten Hälfte des 20. Jahrhunderts zweimal militärisch die europäische Ordnung und die von den europäischen Mächten geschaffene globale Ordnung angriff und dabei diese und sich selbst zerstörte. Deutschland war zweimal gescheitert, aber bei der Zerstörung der globalen Dominanz der europäischen Mächte war es in gewisser Weise auch erfolgreich gewesen.

Es waren die USA, die ab 1945 zur Schutzmacht für den westlichen Teil des Kontinents wurden, keineswegs die europäischen Siegermächte Großbritannien und Frankreich, die sich in dem großen Kampf um europäische Hegemonie und Weltherrschaft zuerst mit dem Deutschen Kaiserreich und dann mit Nazideutschland in zwei Weltkriegen völlig verausgabt hatten.

Deutschland war am Boden, und ob es sich jemals wieder erheben würde, stand in den Sternen. Aber auch die europäischen Siegermächte waren schwer angeschlagen. Großbritannien gab in der Folge sein Weltreich auf, während Frankreich sein koloniales Empire mittels aussichtsloser Kriege in Indochina und Algerien wiederherzustellen und festzuhalten suchte. Diese spätkolonialen Abenteuer drohten das durch die beiden Weltkriege und die Jahre der deutschen Besatzung erschöpfte Land endgültig zu ruinieren und hatten es politisch tief gespalten. Allein das Genie de Gaulles hat es zweimal, 1945 und 1958, vor dem Absturz in die Bedeutungslosigkeit bewahrt.

Die Zeit des europäischen Kolonialismus, d. h. der Herrschaft europäischer Mächte über die Welt, war definitiv vorbei. Der Epilog anglofranzösischer und damit auch europäischer Weltmachtansprüche erfolgte im Oktober 1956 am Suezkanal, als die beiden europäischen Mächte unter dem massiven Druck der Weltmacht USA ihre gemeinsame militärische Intervention gegen Ägypten zur Sicherung ihrer Interessen am Suezkanal beenden mussten. Das portugiesische Kolonialreich sollte noch länger, bis in die Siebzigerjahre hinein, existieren und endete ebenfalls in nicht gewinnbaren, ruinösen Kolonialkriegen. Aber das war, angesichts des Bedeutungsverlustes Portugals, nur mehr eine Art Fußnote in der Geschichte des Niedergangs der europäischen Weltgeltung.

Fortan regierte die Logik des Kalten Krieges – und nur diese allein – in einer in Ost und West zweigeteilten Welt. Europa, Deutschland und seine Hauptstadt Berlin waren geteilt, und die jeweilige Hauptsiegermacht garantierte die Sicherheit und im sowjetischen Fall auch die Unverletzlichkeit des sowjetisch-kommunistischen Machtanspruches in ihrem Herrschaftsbereich.

Der Kalte Krieg mit seinem thermonuklearen Wettrüsten zwischen den beiden Supermächten, in Verlängerung der militärischen und politischen Ergebnisse des Zweiten Weltkriegs, zementierte über lange Jahrzehnte hinweg diesen Souveränitätsverlust der Europäer in Ost und West, da sie, durch ihn bedingt, schutzabhängig blieben oder, im Falle Osteuropas, direkt unterjocht waren. Statt europäischer Souveränität lautete die Formel für die Westeuropäer auf ihrem zerstörten halben Kontinent: Schutzgarantie durch die Supermacht gegen Gefolgschaft.

Zwar war Großbritannien Nuklearmacht, Frankreich wurde Nuklearmacht – beide sind ständige Sicherheitsratsmitglieder und damit in der UN Vetomächte, im besetzten Deutschland gehörten sie beide zu den vier Siegermächten –, aber auch sie verfügten nicht mehr über das notwendige machtpolitische Potenzial, auch sie hatten deshalb wesentliche Teile ihrer Souveränität eingebüßt und waren vom Schutz der USA gegenüber der Sowjetunion und von der materiellen Hilfe zum Wiederaufbau nach dem Zweiten Weltkrieg seitens der USA abhängig. Sie wurden, wie die anderen Westeuropäer auch, Teil der Pax Americana unter dem Schutzschirm der Supermacht USA bis zum Ende der Blockkonfrontation in den Neunzigerjahren. Die Unterzeichnung des Zwei-plus-vier-Vertrages am 12. September 1990 in Moskau zwischen der Bundesrepublik Deutschland und der DDR einerseits und den vier Hauptsiegermächten andererseits schuf dann die Voraussetzung für die friedliche Wiedervereinigung der beiden deutschen Staaten und beendete die auf dem Kalten Krieg basierende europäische Nachkriegsordnung.

Im Kalten Krieg zählten andere, kontinentale oder subkontinentale, Größenordnungen und ihre strategischen Potenziale. Der klassische europäische Nationalstaat war dazu schlicht zu klein und zu schwach, die kolonialen außereuropäischen Weltreiche der europäischen Mächte waren an ihr Ende gekommen und lösten sich auf. Keine europäische Macht verfügte fortan noch über die Größe und das strategische Potenzial, das nach 1945 während des Kalten Krieges notwendig war, um einen globalen oder auch nur regionalen Führungsanspruch auf dem eigenen Kontinent gegenüber den beiden Großen stellen zu können.

Nach dem Ersten Weltkrieg hatten sich die multinationalen Reiche wie Österreich-Ungarn und auch das Osmanische Reich aufgelöst. Das russische Zarenreich, dem ein ähnliches Schicksal bevorzustehen schien, entstand nach kurzer Zeit und einem furchtbaren Bürgerkrieg neu in der Gestalt der Sowjetunion unter der Führung von Lenin und Stalin und ihrer kommunistischen Partei. Damals schien die Stunde der Nationalstaaten vor allem in Osteuropa und auf dem Balkan gekommen zu sein. Der Zweite Weltkrieg und der Kalte Krieg aber brachten die Imperien in neuer Gestalt zurück. Die Sowjetunion (und auch die heutige Russische Föderation) und die USA, beides kontinentale Staaten mit riesigen Ausmaßen, waren und sind faktisch als Staaten getarnte Imperien, in unserer Zeit kommen noch China und demnächst Indien, ebenfalls zwei subkontinentale Staaten, mit jeweils etwa 1,5 Milliarden Menschen hinzu.

Der klassische europäische Nationalstaat verfügte einfach nicht mehr über das strategische und ökonomische Potenzial an Menschen, Rohstoffen und Raumtiefe, die Alternative waren Imperien neuen Typs, wie es in der Gegenwart auch China und die USA sind. Hier stoßen wir nun auch auf den tiefsten realpolitischen Grund für die EU und ihre unbedingte Notwendigkeit, denn nur noch gemeinsam vermögen die Europäer die im 21. Jahrhundert erforderliche kritische Größe aufzubringen. Die Zeit der Nationalstaaten europäischer Größenordnung ist definitiv vorbei. Das werden auch die Engländer nach dem Brexit merken. Das einstmals stolze, weltumspannende britische Empire nimmt sich heutzutage den Stadtstaat Singapur als Vorbild, damit ist eigentlich alles gesagt.

Die Westeuropäer taten damals, in der zweiten Hälfte der Vierzigerjahre des vergangenen Jahrhunderts, das einzig Richtige: Sie vertrauten auf den Schutz der USA und ein starkes transatlantisches Bündnis und blickten nach innen. Sie versuchten im westlichen Teil, ihren zerstörten und geteilten Kontinent wiederaufzubauen (auch dies war nur möglich mithilfe der USA), und machten sich darüber hinaus daran, unter der wohlwollenden Billigung der Vereinigten Staaten eine neue europäische Ordnung zu errichten, die nicht mehr vor allem auf Macht und schon gar nicht auf militärischer Macht gegeneinander gegründet sein sollte, sondern auf Freiheit, Demokratie, Marktwirtschaft, Verträgen und Recht und der Zusammenarbeit der westeuropäischen Staaten bis hin zur Integration von Teilen der Wirtschaft in einer Zollunion und einem gemeinsamen Markt. Gemeinsame integrierte Institutionen der Gemeinschaft übernahmen Teile der verbliebenen nicht militärischen nationalstaatlichen Souveränität, z.B. beim Handel und Wettbewerb. Es sei auch nicht vergessen, dass damals für die großen und kleineren europäischen Kolonialmächte die europäische Gemeinschaft eine Alternative für die verlorenen außereuropäischen Kolonialreiche war. Der Kampf um die europäische Hegemonie fand zwar seine Fortsetzung auf europäischem Boden, er wurde aber fortan zwischen den beiden Supermächten in Ost und West, d.h. von nicht europäischen Mächten, geführt und war zudem nuklear eingefroren.

In Westeuropa haben die machtpolitische Konstellation nach dem Ende des Zweiten Weltkriegs und die Bedrohung durch die Sowjetunion, die jetzt dauerhaft mit überlegener militärischer Stärke an der Elbe und auch westlich davon, in Thüringen, stand, den militärischen Schutz der USA und deren Wirtschaftshilfe zum Wiederaufbau unverzichtbar gemacht. Daraus entstand über die Jahrzehnte des Kalten Krieges hinweg ein Klientelverhältnis Westeuropas gegenüber der Schutzmacht USA.

Allerdings beruhte diese klientele Abhängigkeit, anders als im östlichen Teil des Kontinents gegenüber der Sowjetunion, auf Freiwilligkeit und nicht auf Unterwerfung. Die Bedeutung dieser klientelen Abhängigkeit wird aber so richtig erst in unseren Tagen klar, denn sie hatte ihren Preis – einen weitgehenden Souveränitätsverlust, ja eine richtiggehende Entwöhnung von Souveränität und der damit einhergehenden Verantwortung für die eigene Sicherheit –, deren Konsequenzen durch Trump erst heute sichtbar werden. Dies bedeutete auch den Verlust bestimmter Fähigkeiten, wie etwa die Welt mit dem realistischen Blick einer souveränen Macht zu sehen und zu analysieren, auch, ein erhebliches Eigenrisiko zu tragen. Als Schutzbefohlene bedurfte es dieser Fähigkeiten nicht mehr, und folglich gingen sie verloren, weniger bei den beiden europäischen Vetomächten im Sicherheitsrat als bei den anderen Europäern.

Als die westdeutsche Bundesrepublik 1949 gegründet wurde, verfügte diese zunächst über keinerlei außenpolitische Souveränität. Diese blieb vorerst bei den westlichen Siegermächten. Die Gründung des Auswärtigen Amtes wurde erst 1951 durch eine Änderung des Besatzungsstatuts ermöglicht. Seitdem bestand die Außenpolitik der Bonner Republik im Wesentlichen aus der Pflege der Beziehungen zu den Siegermächten, aus dem Versuch, mit den Mitteln der Diplomatie, also Verhandlungen, die Wiedergewinnung der vollen staatlichen Souveränität so schnell als irgend möglich zu erreichen. Hinzu kamen der Einsatz für die Freilassung der letzten deutschen Kriegsgefangenen aus der Sowjetunion (Adenauers Reise nach Moskau 1955) und das Ziel, als gleichberechtigtes Mitglied der Völkerfamilie akzeptiert zu werden, und – nach der Unterzeichnung des Vertrags zur Bildung der Gemeinschaft für Kohle und Stahl 1951 – die europäische Integrationspolitik. Jenseits des Offenhaltens der Anerkennung der Ostgrenzen spielten vor allem Statusfragen wie die Verhinderung einer internationalen diplomatischen Anerkennung der DDR eine Rolle, aber kaum echte Machtpolitik. Die fand damals tatsächlich an der innerdeutschen Grenze und in Berlin sehr konkret statt, blieb aber, trotz der innerdeutschen Ostpolitik unter Brandt, bis 1990 Sache der Siegermächte.

Im langen Schatten des zweimal gescheiterten deutschen Griffs nach der Weltmacht und dessen verheerenden Folgen kam es über die Jahrzehnte hinweg unter der Last der moralischen Schuld für den Holocaust und für den Zweiten Weltkrieg und dem immer präsenten Verdacht des drohenden Rückfalls in die unselige deutsche Vergangenheit zu einer starken »Moralisierung« der deutschen Außenpolitik – eine nachvollziehbare, ja zwingende Reaktion auf die völlige Amoralität der Außenpolitik des Dritten Reiches.

Allfällige internationale Machtfragen wurden willig der Welt- und Schutzmacht USA überlassen und kamen im deutschen außenpolitischen Denken kaum noch vor. Zumal die erfolgreiche brandtsche Ostpolitik eine gelungene, spezifisch deutsche Symbiose von Macht und Moral zu sein schien, die nicht auf das traditionelle außenpolitische Arsenal des Militärs zurückgriff. Das blieb Sache der Supermächte. Die Ostpolitik war auch deswegen so erfolgreich, weil sie eingebettet war in eine allgemeine Phase der Entspannung und beginnenden Rüstungskontrolle zwischen Ost und West. So wie der zu Staaten gewordene deutsch-deutsche Bürgerkrieg ein Teil des großen Kalten Krieges gewesen war, so war auch die brandtsche Ostpolitik der spezifisch deutsche Beitrag zur allgemeinen Entspannungspolitik, ein sehr wichtiger und großer Beitrag, der allerdings aus der Sicht Washingtons immer auch unter Neutralismusverdacht stand. Innenpolitisch war die Ostpolitik von Brandt und Scheel ein gegen heftigsten Widerstand von rechts durchgekämpfter Sieg der westdeutschen Linken gegen die scheinbar ewig gestrige Rechte. Die Ostpolitik stand für die Schuldanerkenntnis (Willy Brandts Kniefall vor dem Mahnmal des Warschauer Gettos!) und die Anerkennung der Realitäten, stand also für die Zukunft, während der konservative Widerstand dagegen stark an die Realitätsverweigerung der deutschen Rechten in der Weimarer Republik erinnerte und nur noch an das sture Festhalten an dieser unseligen Vergangenheit zu erinnern schien. In Wirklichkeit war die Führung von CDU/CSU unter Einschluss von Franz Joseph Strauß von der Notwendigkeit der Ostpolitik überzeugt, wie sich nach 1983 und ihrer Regierungsübernahme in Bonn herausstellen sollte. Die innenpolitischen Kämpfe der jungen Bundesrepublik, das sei hier nicht vergessen, waren immer auch aufgeladen mit der Frage deutscher Schuld und der jüngeren deutschen Geschichte – die Gespenster der Vergangenheit waren allzeit präsent.

Heute stellt sich die Frage in aller Schärfe: Kann sich Deutschland diese historisch nur zu verständliche Haltung im Interesse der gemeinsamen Souveränität Europas weiter erlauben oder muss es nicht zu einer neuen Synthese von Moral und Realismus in seiner Außenpolitik finden, die seiner Verantwortung für Europa gerecht wird und diese nicht blockiert? Ich meine, eindeutig das Letztere.

Selbst die beiden europäischen Siegermächte befanden sich in einem Abhängigkeitsverhältnis gegenüber den USA. Großbritannien verbarg diese Tatsache hinter einer »Sonderbeziehung« (special relationsship) mit der transatlantischen Vormacht, während Frankreich unter der IV. Republik bei der Gründung der Nato und beim Marshallplan mit dabei war, unter de Gaulle in der V. Republik jedoch Distanz zu den USA suchte und vor allem auf militärische Eigenständigkeit und eine militärische Renationalisierung setzte, um so Frankreichs Status als europäische Großmacht zu bewahren. Konsequenterweise verließ Frankreich damals die militärische Integration des Bündnisses, nicht aber die politische. Allerdings war bei dieser angestrebten Eigenständigkeit sehr viel Fiktion statt harter machtpolitischer Währung im Spiel, aber dennoch, dieser Schritt in die Halbdistanz zur Nato und zu den USA war letztendlich erfolgreich.

Frankreich allein, das wusste de Gaulle, war nach dem Verlust seines Kolonialreichs zu klein und zu schwach und musste daher als kontinentaleuropäische Mittelmacht, anders als Großbritannien mit seiner »special relationship« zu den USA, verstärkt auf ein gemeinsames Europa setzen, um so seine machtpolitischen und ökonomischen Schwächen ausgleichen zu können. Und das ging nur gemeinsam mit Westdeutschland, durch die Aussöhnung mit dem Erbfeind. Frankreich konnte mit dieser Aussöhnung, mit der beginnenden europäischen Integration und durch seine Distanz zur Nato und zu den USA seinen Sonderstatus als europäische Großmacht im Rahmen von Nato und EU bewahren.

Während der Jahrzehnte des Kalten Krieges bestimmte die Zugehörigkeit zum Herrschaftsbereich der jeweiligen Vormacht auch die innenpolitische Verfasstheit der europäischen Staaten. Im Westen waren es Marktwirtschaft und Demokratie, im Osten Planwirtschaft und kommunistische Einparteiendiktatur. Allerdings gab es einen wichtigen Unterschied: Die östliche kommunistische Ordnung beruhte auf Zwang und erwies sich auf längere Sicht wirtschaftlich als komplett dysfunktional. Die westliche beruhte auf Freiwilligkeit und verfügte über ein hochfunktionales Wirtschaftssystem, das in der Lage war, einen überlegenen Lebensstandard zusammen mit politischer Freiheit und Demokratie zu »liefern«.

Aber noch wichtiger waren die Konsequenzen für die internationale Rolle der Europäer, die sich aus ihrem jahrzehntelangen Klientelverhältnis gegenüber den USA und in der bipolaren Struktur des Kalten Krieges ergaben. Im Laufe der Jahrzehnte des Kalten Krieges hatte sich eine machtpolitische Arbeitsteilung ergeben, die bis auf den heutigen Tag Folgen zeitigt. Die Schutzmacht USA war für die harten Fragen der Weltpolitik zuständig. Europa nur noch bedingt, vorneweg die beiden ständigen Sicherheitsratsmitglieder. Nur wo es etwa um Stationierungsfragen in Deutschland ging oder um innerdeutsche Fragen oder Statusfragen Westberlins hatte auch die (west-)deutsche Bundesregierung ein Mitspracherecht, obwohl für Westberlin formal gar nicht zuständig.

Auch mit dem Verschwinden des bipolaren Systems und der deutschen Wiedervereinigung zu Beginn der Neunzigerjahre sahen die Europäer weder die Notwendigkeit noch hatten sie die intellektuelle, politische, wirtschaftliche und visionäre Kraft, sich auf eine neue Weltordnung und auf veränderte Rollenverteilungen auch nur konzeptionell einzustellen. Gewiss, die bipolare Weltordnung war quasi über Nacht verschwunden, aber würde dadurch auch das Klientelverhältnis im transatlantischen Raum betroffen sein? Würde sich nunmehr Amerika abwenden und Europa alleinlassen? Diese Fragen stellte damals kaum jemand, geschweige denn, dass es darauf überzeugende Antworten gegeben hätte. Die Nato schien über eine Ewigkeitsgarantie zu verfügen, und ein US-Präsident wie Trump war jenseits aller Vorstellungskraft. Für solcherlei Überlegungen fehlte den Europäern 1989/90 auch die Erfahrung der Macht und der Souveränität.

Was folgte für Europa aus dieser welthistorischen Zäsur? Die waffenstarrende sowjetische Bedrohung war verschwunden, also hatte der Westen doch recht gehabt. Warum jetzt, ausgerechnet jetzt, etwas grundsätzlich ändern? Genauso wie die DDR am 3. Oktober 1990 der Bundesrepublik Deutschland beigetreten und Deutschland damit wiedervereinigt war, würde es auch mit Osteuropa geschehen, die Osteuropäer würden der Nato und EU beitreten und alles würde gut sein: »Europe, whole and free!« Im Rückblick hatte das Ganze neben all den zahlreichen Vorteilen für die Beteiligten und den Alten Kontinent einen großen Geburtsfehler, denn es war keine neue Ordnung, in der sich West und Ost von gleich zu gleich begegneten, sondern es blieb die alte Ordnung des Westens auf erweiterter Grundlage. Ein gutes Stück weit ist das auch das Problem zwischen Ost und West im vereinigten Deutschland, dreißig Jahre danach. Ob es in der harten politischen Wirklichkeit der Wendejahre auch anders gegangen wäre, werden wir niemals mehr wissen. Zudem vergisst man allzu leicht den damaligen Zeitdruck, unter dem die damaligen Akteure standen, auch die prekäre innenpolitische Lage in Moskau. Gorbatschow konnte jederzeit durch einen Putsch gestürzt werden und das ganze Wunder quasi über Nacht vorbei sein.

Philosophisch träumte Europa den Traum vom »ewigen Frieden«, realpolitisch übersetzt stand die Osterweiterung von EU und Nato, die Einheit des Kontinents auf der Tagesordnung, und diese Herausforderung erforderte die ganze Kraft und Aufmerksamkeit und schien zugleich die Antwort auf die Frage nach der neuen Ordnung zu sein. Diese Antwort war aber unzureichend und auf Europa begrenzt, wie wir heute wissen. Und in den USA begann das schnell verblühende, große Abenteuer ihrer globalen Alleinherrschaft, eines weltweiten amerikanischen Imperiums in einer unipolaren Weltordnung, die nur noch eine – in Wirklichkeit völlig überforderte – Supermacht kannte.

Donald Trump ist das Ergebnis dieser imperialen Überforderung, das Ergebnis unsinniger und irrwitzig teurer Kriege, die nicht nur mit den Opfern auf den

Schlachtfeldern und mit den Dollars aus dem amerikanischen Staatshaushalt bezahlt werden mussten, sondern auch mit dem Niedergang der amerikanischen Mittelschicht. Hinzu kam noch die Finanzkrise von 2008.

Diese unipolare Ordnung mit der alleinigen Supermacht USA sollte sich historisch als eine äußerst kurzfristige Illusion erweisen, die in den Sümpfen und Wüsten des Zweistromlandes ihr schnelles Ende fand. Das unipolare Zwischenspiel der USA unter den Präsidenten Clinton und dem zweiten Bush erklärt zu Teilen auch den sehr langen Zeitverzögerungseffekt von dreißig Jahren bis zur Erkenntnis der internationalen Auflösungserscheinungen der alten Ordnung.

Warum erst jetzt? In der unmittelbaren Folge des Zusammenbruchs der bipolaren Weltordnung waren solche Erschütterungen eigentlich erwartbar gewesen, aber dreißig Jahre danach? Es waren so ziemlich genau die dreißig Jahre des unilateralen Abenteuers der Vereinigten Staaten gewesen.

Die radikalen Konsequenzen für die Weltordnung und besonders für Europa seit der Zeitenwende zu Beginn der Neunzigerjahre werden erst jetzt, in unseren Tagen, wirklich sichtbar: eine Weltordnung ohne Führungsmacht, ja schlimmer noch, mit einer sich zunehmend chaotisch und unberechenbar gebärdenden Supermacht USA, ein autoritär regierter aufsteigender Riese China, ein Russland, gefangen in seiner Geschichte, immer noch im Abstieg begriffen und zurückgefallen in autoritäre Verhältnisse, und ein Europa, das seine Rolle in diesem neuen Umfeld erst noch finden und neu definieren muss. Es sind dies alles andere als beruhigende Aussichten.

Europa wird nicht passiv im Trump-Schock verharren dürfen, sondern wird ganz im Gegenteil mit einem entschlossenen Aufbruch, ja angesichts der digitalen Revolution mit ihren weitreichenden Konsequenzen mit einer regelrechten Aufholjagd reagieren müssen. Es wird seine Rolle in Selbstständigkeit neu definieren und d.h. erneut eine eigenständige weltpolitische Rolle anstreben und finden müssen. Dabei wird es unter den Bedingungen des 21. Jahrhunderts nicht mehr um ein erneutes aggressives Ausgreifen jenseits der Grenzen Europas gehen, um ein erneutes Streben nach Vorherrschaft, sondern sehr viel defensiver, um die Verteidigung und Bewahrung der europäischen Eigenständigkeit und Art zu leben, um die Sicherung der europäischen Zivilisation und Demokratie auf dem Alten Kontinent und um seinen Anteil an der Gestaltung der globalen Zukunft und des globalen Friedens. Die USA nehmen im 21. Jahrhundert Europa diese Aufgabe nicht mehr ab. Und nun?

Trump hat mit seinem historischen Strategiewechsel Europa quasi den Teppich unter den Füßen weggezogen, indem er die Rolle der USA als globaler Führungsmacht in einem multilateralen regelbasierten internationalen System beendet und deren Neuorientierung mit seiner nationalistischen Wende in der Außenpolitik der immer noch gewaltigen Supermacht USA eingeleitet hat.

Europa ist durch diesen Schritt zum ersten Mal seit dem Ende des Zweiten Weltkriegs auf sich allein gestellt, eigenverantwortlich, ohne großen Bruder, den harten geopolitischen Realitäten entwöhnt. Wird es die Nato in zwanzig Jahren noch geben? Die Wahrscheinlichkeit ist heute geringer als jemals zuvor in ihrer Geschichte. Wenn diese negative Möglichkeit nicht ausgeschlossen werden kann, dann wird jetzt Europa daraus die Konsequenzen zu ziehen haben und nicht erst in zwanzig Jahren.

Europa sollte erst gar nicht versuchen, ja nicht einmal daran denken, mit den beiden Großen, USA und China, um die Rolle der globalen Nummer eins konkurrieren zu wollen. Sich selbst verteidigen zu können und technologisch in der Spitzengruppe zu bleiben, reicht völlig aus. Dieses Ziel zu erreichen, wird schwer genug werden, muss es sich doch in den Stand versetzen, technologisch mithalten zu können, die dafür notwendigen Fähigkeiten schaffen und dazu einig und entschlossen genug sein. Europa muss, erzwungen durch Trumps nationalistische Wende, durch Chinas Aufstieg und durch die digitale Revolution, zu einer Macht werden. Nicht mehr, aber auch nicht weniger.

Man mache sich allerdings keine Illusionen, für die EU würde ein solcher Schritt eine tief greifende Zäsur bedeuten, denn bisher hat sich die Europäische Union jenseits von Handel und Wettbewerb nicht als Macht verstanden und auch keinerlei militärische Machtprojektion betrieben.

Gewiss, die amerikanischen Truppen stehen noch

diesseits des Atlantiks, und die Nato existiert noch. Noch! Aber all die traditionellen Institutionen und Verpflichtungen in den transatlantischen Beziehungen sind mit zahlreichen Fragezeichen versehen und über allem hängt, einem Damoklesschwert gleich, die Frage: Wie lange noch? Wann wird es zu dem entscheidenden Tweet kommen, der das Ende verkündet? Es wäre eine sträfliche Torheit Europas, bis dahin nichts zu tun und sehenden Auges auf diesen Tweet zu warten.

Der sich abzeichnende Bruch in der europäischen Verteidigung, der mit dem Abzug der USA stattfinden wird, wird sehr viel radikaler ausfallen als bisher angenommen. Wenn man diesen seitens Europas zumindest hinausschieben oder am Ende sogar ganz verhindern will, dann wird Europa, genauso wie im Falle des Bruchs, erheblich in sein Militär investieren und seine eigenen Fähigkeiten massiv ausbauen müssen. Vor allem in Deutschland wird dies zu mächtigen Turbulenzen führen. Die pazifistische deutsche Linke, egal in welcher Partei sie zu Hause ist, wird dabei feststellen, wie viel sie der militärischen Sicherheitsgarantie der USA und deren Rolle als globaler Ordnungsmacht verdankt. Die Folgen eines militärischen Rückzuges der USA aus Europa mit europäischen Kräften allein auszugleichen, würde die Verhältnisse auf dem Alten Kontinent auf den Kopf stellen!

Wird sich z.B. Deutschland seinen sogenannten Parlamentsvorbehalt unter den neuen Bedingungen noch leisten können, der jegliche deutsche militärische Beteiligung verlangsamt, politisch hinauszögert und schwer kalkulierbar macht? Kann so eine europäische Verteidigung funktionieren, in welcher der deutsche Beitrag signifikant sein muss? Kann Europa auf den US-amerikanischen Nuklearschirm verzichten? Die Antwort lautet: Nein! Sollten die Vereinigten Staaten diesen dennoch zurückziehen, so würde dies in Europa mit hoher Wahrscheinlichkeit ein nukleares Wettrüsten, einen regelrechten Wettlauf nach nuklearem Schutz und Abschreckung auslösen, genauso wie in Japan und Ostasien auch. Zumindest in Osteuropa kann man sich Sicherheit ohne eine glaubhafte nukleare Schutzgarantie und Abschreckungskomponente nicht vorstellen. Frankreich als letzte verbliebene Nuklearmacht in der EU stünde dann vor völlig neuen strategischen Fragen. Müsste, könnte und wollte es die Nuklearverantwortung für die EU übernehmen? Und wenn ja, in welcher Form? Wie müsste die Lastenverteilung, wie die Kommandostruktur aussehen?

Und Deutschland? Es hat keine nationale nukleare Option und sollte diese erst gar nicht anstreben. Aber was dann? Es bliebe nur Frankreich, aber eine solche französische Schutzgarantie würde auf beiden Seiten und auch international zahllose Fragen aufwerfen, selbst wenn diese Garantie die gesamte EU betreffen würde. Ein deutscher Finger, wie verklausuliert auch immer, am Abzug einer Nuklearwaffe? Längst vergessene Traumen und Ängste bei ehemaligen Kriegsgegnern und Opfern des vergangenen Furor teutonicus kämen dann wieder hoch. Deutschland wird daher aus vielerlei Gründen im konventionellen Bereich leisten müssen, was es nuklear nicht kann, um so Schutzgarantien über einen möglichen Abzug der USA hinaus zu behalten. Diese würden eine gewisse Truppenpräsenz der USA sowie den Fortbestand der Nato erforderlich machen. Tatsache ist, dass ein Rückzug der nuklearen Schutzgarantie seitens der USA für Europa und Ostasien eine gewaltige Destabilisierung der globalen Sicherheitslage mit sich bringen würde, die nicht im Interesse der USA sein kann. Dennoch ist diese Option nicht auszuschließen.

Allerdings zeigt sich hier ein deutsches Sicherheitsdilemma: Einerseits zwingt Trump Deutschland mit der EU in eine gaullistische Wende, andererseits gibt es letztendlich keine realistische nukleare Schutzkomponente ohne die USA und die Nato. Dieser Widerspruch wird sich in absehbarer Zeit nicht auflösen lassen, es bleibt also nur ein Balanceakt, und daher wird es bei der gaullistischen Mischung aus Nähe und Distanz zu den Vereinigten Staaten und dem Vertrauen auf die eigenen Fähigkeiten bleiben, die allerdings massiv verstärkt werden müssen, wenn diese Balance gelingen soll.

Die sind nur einige der drängenden und brisanten Fragen, die eine Selbstverantwortung Europas für seine eigene Sicherheit aufwerfen würde und wird. Man mache sich jedoch keine Illusionen, diese Fragen werden sich über kurz oder lang ganz praktisch stellen, ob es einem gefällt oder nicht. Die Augen vor der Wirklichkeit, die mit Trump angebrochen ist, zu verschließen und sich die Ohren zuzuhalten, wird nicht helfen.

Die Geschichte verläuft manchmal in unerwarteten Kurven und Wendungen. Trump mit seinem »America first!«, seiner nationalistischen Wende in der US-Politik zwingt die Europäer, sich quasi über Nacht ernsthaft mit ihrer Souveränitätsfrage unter den Bedingungen des 21. Jahrhunderts zu beschäftigen, was sie aus eigenem Antrieb wohl für lange Zeit noch nicht getan hätten. Donald Trump als Vater einer europäischen Erneuerung! Das hätte auf beiden Seiten des Atlantiks wohl kaum jemand erwartet. Aber wie gesagt, die Geschichte verläuft bisweilen auf recht krummen, abenteuerlichen Pfaden, und der Weltgeist kann dabei höchst merkwürdige Formen annehmen.

Diese Frage der Souveränität auf dem Alten Kontinent wird sich zudem nur noch gemeinsam als EU beantworten lassen, nicht mehr als einzelne europäische Nationalstaaten, wie es gerade noch zu de Gaulles Zeiten möglich war. Dieses Verdikt gilt auch für die größten unter ihnen, für Frankreich und Deutschland. Im Übrigen wird man am Beispiel des Brexits in Großbritannien praktisch demonstriert bekommen, wieweit diese versunkene Welt Alteuropas noch in unsere Zeit passt und welcher Preis für die Aufrechterhaltung einer historischen Illusion durch die Briten zu bezahlen sein wird.

Die EU hat sich bis in die Gegenwart hinein, vor allem unter dem Druck ihrer Osterweiterung, die mit dem Fall des Eisernen Vorhangs unabweisbar wurde, überwiegend mit ihrer inneren Verfasstheit, mit konstitutionellen Fragen und materiellen Verteilungsfragen beschäftigt, da sich ihre Größe innerhalb kurzer Zeit verdoppelte. Jetzt wird sie durch Trump und den Aufstieg der neuen Weltordnung in eine strategische, mehr noch, in eine historische Richtungsentscheidung gezwungen, bei der es um nicht weniger als die europäische Selbstbehauptung im 21. Jahrhundert geht.

Europa wird sich einerseits also als souveräne Macht konstituieren müssen, was weder billig noch einfach werden wird, und wird andererseits als westlichster Teil des eurasischen Superkontinents auf die transatlantische Rückversicherung nicht verzichten können und dürfen. Was die USA unter Trump Europa an Sicherheit und Gewissheit entziehen, wird es in Zukunft und in eigener Souveränität selbst schaffen müssen, wenn der Frieden auf dem Alten Kontinent bewahrt werden soll. Darum geht es, und nicht um ein prestigegetriebenes europäisches Aufrüstungsprogramm.

Der alte, durch Trump aufgekündigte Transatlantismus beruhte auf einem Beistands- und Schutzautomatismus, ein neuer hingegen wird unter den jetzt geltenden Realitäten mehr auf den jeweiligen Interessen und kurzfristigen Opportunitäten klassischer Bündnispolitik gründen. Was aber heißt, dass Europa auch wesentlich stärker bei seinen militärischen Fähigkeiten, aber auch im gesamten Spektrum seiner Außenpolitik werden muss, um sein Gewicht unter den neuen transatlantischen Bündnisbedingungen und unter den neuen geopolitischen Bedingungen erhöhen zu können.

Der Wegfall des alten Beistandsautomatismus unter Trump (und, davon ist auszugehen, auch unter seinen Nachfolgern!) wird also ein militärisch stärkeres Europa unabweisbar machen, die eigene Verteidigung muss im europäischen Pflichtenheft fortan weit oben stehen und zu einer Selbstverständlichkeit werden.

Diese Entwicklung in der EU hin zu einem europäischen Verteidigungssystem richtet sich keineswegs gegen die Nato, denn das Bündnis als Institution ist quasi materiell wie von seinem Wesen her nach wie vor die Verkörperung der alten, durch Trump infrage gestellten Bündnis- und Beistandslogik zwischen Nordamerika und Europa und sollte im europäischen Interesse bewahrt werden, solange und soweit dies immer möglich ist.

Was aber geschieht, wenn sich die USA, etwa nach einer Wiederwahl Trumps, aus der Nato und damit auch aus Europa ganz oder auch nur teilweise zurückziehen? Wenn der »Ami« tatsächlich »heimginge«? Diese Option ist keineswegs unrealistisch, und genau darauf muss sich Europa konkret vorbereiten, will es am Tag X nicht nackt in eisigen Winden stehen.

Dass es so kommen muss, ist keineswegs gewiss, denn die Weltmachtstellung der USA als globale Nummer eins hängt nicht zuletzt weiterhin von ihrer globalen Präsenz ab, vorneweg in Europa und Ostasien. Auch unter Trump. Aber die Möglichkeit kann nicht ausgeschlossen werden, denn niemand vermag vorherzusagen, wieweit diese isolationistische Grundstimmung in der Wählerschaft auf beiden Seiten der politischen Lager in den Vereinigten Staaten reicht, auch jenseits von Trump. In den USA werden die Wähler entscheiden. Sie haben sich 2016 für Trump entschieden und damit die globale Ordnung grundsätzlich verändert, der Ausgang der nächsten Wahl ist nicht vorherzusehen.

Das Argument, dass die Nato mit dem Wegfall des Warschauer Paktes nicht mehr gebraucht würde und lediglich ein Herrschaftsinstrument der USA über Europa sei, reflektiert lediglich das gegenwärtige Missverhältnis zwischen immer noch existierender amerikanischer Stärke und europäischer Schwäche, nicht aber das nach wie vor existierende europäische Abhängigkeitsverhältnis gegenüber den USA, etwa bei der nuklearen Schutzgarantie. Das bestehende Kräfteverhältnis müsste sich in Zukunft erheblich verändern, wenn Europa es mit seiner Souveränität ernst meint und die Nato als transatlantische Rückversicherung erhalten will.

Das transatlantische Militärbündnis ist aber nach wie vor nicht nur ein mächtiges Instrument zum Schutz der Freiheit und Unabhängigkeit Europas, sondern auch ein Bollwerk gegen die Renationalisierung der Sicherheitspolitik auf dem Kontinent. Diese Renationalisierung wäre gefährlicher als jeder Feind von außen, denn sie würde in die überwunden geglaubten Zeiten des alten, kriegerischen Europas zurückführen und in der Konsequenz auf eine törichte Selbstschwächung hinauslaufen.

Es ist deshalb deutscherseits extrem kurzsichtig, unter den wehenden Bannern von Pazifismus und »Friedenspolitik« faktisch diese Institution zu schwächen oder gar zu gefährden und de facto auf die Renationalisierung der Sicherheitspolitik in Europa zu setzen, indem man seine national zugesagten Beiträge verweigert. Damit hilft man lediglich Trump bei der Zerstörung der Nato, betreibt aber alles andere als »Friedenspolitik«.

Die USA unter Trump haben den transatlantischen Klientelismus aufgekündigt, Europa wird dadurch nolens volens auf de Gaulle und seine Politik der Ambivalenz von Nähe und Distanz, von Selbstständigkeit und Abhängigkeit im Verhältnis zu den USA zurückgeworfen. In der Konsequenz heißt das: Europa muss selbstständiger und militärisch stärker werden, beides bedingt einander, es wird aber angesichts der geopolitischen Realitäten in seinem Osten auf die transatlantische Rückversicherung nicht verzichten können und dürfen.

Europa hatte sich in seiner Geschichte über lange Zeit hinweg mit zwei Herausforderungen zu beschäftigen: seine unruhige Mitte mit Deutschland und seine offene, geopolitisch schon immer offene östliche Flanke Richtung Russland und Eurasien. Die Nato bot seit dem Beginn ihres Bestehens Schutz gegenüber beiden Herausforderungen, ja diese waren recht eigentlich die Ursachen für ihre Gründung gewesen.

Je weiter man in Nato und EU Richtung Osten kommt, desto existenzieller werden die Ängste um die

Sicherheit unter den neuen osteuropäischen Mitgliedstaaten, was ohne jeden Zweifel mit der geografischen
Nähe zu und ihrer Erfahrung mit Russland als expansiver, imperialer Macht zusammenhängt, die nicht
erst seit der bewaffneten Annexion der Krim und dem
Krieg im Osten der Ukraine militärisch als Bedrohung
angesehen wird. Für diese Mitgliedstaaten, vorneweg
Polen und die baltischen Staaten, ist die Einbindung
der USA über die Nato in die gemeinsame Verteidigung bis auf Weiteres angesichts der militärischen
Kräfteverhältnisse unverzichtbar, ja aus deren Sicht
von existenzieller Bedeutung. Die Nato als notwendige Rückversicherung angesichts der geopolitischen
Risiken an der Ostflanke Europas, gemeinsam mit verstärkten europäischen Sicherheitsanstrengungen, dient
also auch der Geschlossenheit der EU.

Es sei hier aber nicht der strategische Fehler von
Wladimir Putin wiederholt, der alles auf das Militär
setzt. Im 21. Jahrhundert wird Macht nicht nur und
nicht vor allem in den Kategorien von »Hard Power«
gemessen, weil zwischen nuklearen Mächten oder gar
Weltmächten Kriege nicht mehr geführt werden können. Das Risiko, dass sie zu Atomkriegen werden, ist
einfach zu groß. Also bekommen, bedingt durch die
Entwertung der nuklearen Bedrohung durch die ge-
genseitige Abschreckung, andere Bereiche ein weitaus
größeres Gewicht, ohne dass die Bedeutung der nuklearen Bedrohung deshalb verschwindet. Die Über-
legenheit und Spitzenpositionen in Technologie und
Wissenschaft und Forschung, auch wirtschaftliche

Größe und Potenzial zählen deshalb in der Mächterivalität des 21. Jahrhunderts mehr als in der Vergangenheit.

Genau hierin besteht der Unterschied zwischen dem heutigen China und Russland: In Nuklearwaffen und Trägersystemen gemessen, liegt Russland weit vor China. Bezieht man jedoch die Dynamik und Größe des chinesischen Marktes mit ein, das finanzielle Potenzial des Landes und seine atemberaubende Aufholjagd in Forschung und Technologie vor allem bei der künstlichen Intelligenz, wo es mittlerweile vermutlich schon die Spitzenposition einnimmt, so muss man zu dem Schluss kommen, dass bereits heute China Russland als Weltmacht weit abgehängt hat und dies morgen noch mehr der Fall sein wird.

Der gesamte »Soft Power«-Bereich wird im 21. Jahrhundert für die Machtverteilung unter den Staaten immer wichtiger werden und exakt hier verfügt Europa auch heute noch über sichtbare Stärken mit seiner liberalen Alltagskultur, seinen demokratischen Rechtsstaaten, seinen Universitäten, Forschungseinrichtungen und Unternehmen, ganz generell mit seiner liberalen, auf Freiheit und soziale Gerechtigkeit basierenden Lebenswirklichkeit. Und seinem Wohlstand. Aber ohne deren Unterfütterung durch eine zureichende Hard Power werden diese souveränitätssichernden Stärken Europas nicht wirklich zum Tragen kommen können.

Das alte Europa hat auch nicht die ernsthafte Möglichkeit, sich in einem windstillen Winkel der globalen

Politik eine gemütliche Pensionärsecke einzurichten, weit weg und unberührt von den Handeln der Welt, denn dazu ist es, bei all seinen zahlreichen Schwächen, einfach noch zu wichtig und zu reich und mit zu vielen seiner existenziellen Interessen mit der Welt verbunden. Allein der Versuch (ob gewollt oder auch nur faktisch durch die Folgen von Unterlassungen), eine solche weltpolitische Ruhestandslösung herbeizuführen, würde als Einladung von bösen Absichten und Mächten verstanden werden und müsste für Europa tragisch enden.

So bewundernswert die Schweiz mit ihrer alten Demokratie, ihrer wirtschaftlichen und technologischen Leistungsfähigkeit und ihrem Wohlstand auch immer ist, dies alles ist das Ergebnis einer langen historischen Sonderrolle in der Geschichte des europäischen Staatensystems, ganz wesentlich bedingt durch die Lage und die Topografie. Sie kann deshalb kein Vorbild für die europäische Rolle in der neuen Weltordnung des 21. Jahrhunderts sein.

Europa wird seine weltpolitische Verantwortung durch den Rückzug auf sich selbst nicht hinter sich lassen können, denn, ich wiederhole es, dazu ist es immer noch zu wichtig für die Balance auch der neuen Weltordnung. Entweder werden die Europäer diese Gestaltungsaufgabe aktiv und gemeinsam auf der Grundlage ihrer Werte annehmen oder andere werden dies versuchen, und dann könnte es für Europa bitter werden. Hierbei handelt es sich nicht nur um eine abstrakte Möglichkeit, der ganz aktuelle Handels- und Technologie-Krieg zwischen den USA und China könnte eine solche Situation schon morgen herbeiführen.

Was z.B. würden denn die Europäer tun, wenn die USA eines nicht allzu fernen Tages gegenüber China ähnlich prohibitiv mit Sanktionen vorgingen wie heute gegenüber dem Iran? Wäre Europa stark genug, um dann zu widerstehen und seine Selbstständigkeit, entsprechend seinen Interessen, bewahren zu können? Aktuell spricht nicht viel für eine bejahende Antwort.

Es führt deshalb kein Weg daran vorbei: Europa wird seinen eigenen Platz in der neuen Weltordnung auszumachen haben, seine eigenen strategischen Interessen definieren, seine Rolle finden und seine Selbstständigkeit verteidigen und die dafür notwendigen gemeinsamen Fähigkeiten schaffen und finanzieren müssen, wenn es nicht fremden Interessen anheimfallen und in Abhängigkeit seinen endgültigen Niedergang akzeptieren will. Es geht um nicht weniger als um den Selbsterhalt der europäischen Zivilisation. Um die Zivilisation des alten leidgeprüften und zugleich stolzen Kontinents, der nach so vielen Katastrophen in seiner Geschichte zum Kontinent des Friedens, der Demokratie, des Rechts und des sozialen Ausgleichs geworden ist. Willkommen im 21. Jahrhundert!

Die deutsche Frage – zwischen Furor teutonicus und Pazifismus

Die europäische Antwort auf die transatlantische Abkoppelung der USA unter Präsident Donald Trump ist
eigentlich theoretisch einfach: Europa muss stärker
zusammenrücken und seine Anstrengungen in Verteidigung, Sicherheit und digitaler Technologie vervielfa-
chen, seinen Reichtum und sein immer noch hervor-
ragendes technisch-wissenschaftliches Know-how
endlich strategisch in diesem neuen geopolitischen
Umfeld, entsprechend seinen Interessen, gemeinsam
einsetzen und ausbauen und vor allem auch seine nach
wie vor starke Finanzkraft nutzen und investieren.
Aber dabei gibt es neben zahlreichen kleineren Proble-
men ein großes Problem für Europa. Und dieses Problem heißt: Deutschland.

Deutschland verfügt über die größte Volkswirtschaft der EU – in 2018 betrug das BIP von Deutschland 3,39 Billionen Euro, Großbritannien lag an zweiter Position mit 2,39 Billionen Euro vor Frankreich
mit 2,34 Billionen Euro BIP – und angesichts seiner
großen Außenhandelsüberschüsse in den vergangenen
Jahren auch über das Geld in der EU. Und genau damit
beginnt das Problem.

In Deutschland steht man heutzutage mit der Einsicht auf Kriegsfuß, dass Geld Macht ist, wenn man es klug zu nutzen weiß, obwohl gerade in den Wendejahren, als es um die deutsche Einheit ging, Geld der wichtigste Machtfaktor Deutschlands auf dem Weg zur Einheit war. Für das heutige Deutschland hingegen bedeutet es vor allem Sicherheit und Stabilität, so man es hat und zusammenhält. Nicht investieren, sondern Sparen und Schuldenabbau lautet deshalb die Devise, mit der das Land weltweit ziemlich allein dasteht. Die nach wie vor viertgrößte Volkswirtschaft der Welt erlaubt sich aus denselben Gründen auch ein Bankensystem, das sich in einem dramatischen Niedergang befindet, was man von den drei Volkswirtschaften nicht behaupten kann, die im weltweiten Ranking vor Deutschland liegen: die USA, China und Japan.

Ganz anders als Deutschland nutzt China, ebenfalls ein Land, das große Außenhandelsüberschüsse erwirtschaftet, diese für große Investitionen und globale Machtprojektion, für die USA ist die globale Vorrangstellung des Dollars als direktes Machtmittel in Politik und Wirtschaft eine Selbstverständlichkeit. Deutschland hingegen spart mit dem Hinweis auf kommende Generationen. Man würde schon sehen, was mit all jenen überschuldeten Volkswirtschaften passieren werde, wenn die Zinsen wieder stiegen, heißt es.

Das Argument überschätzt Deutschlands Möglichkeiten, denn es wird seine wichtigsten Kunden und Exportmärkte an erster Stelle treffen. Was glaubt man eigentlich hierzulande, würde in einem solchen Falle mit Deutschland geschehen? Trotz aller Sparanstrengungen würde der langjährige Exportweltmeister Deutschland sehr schwer davon getroffen. Es ist das alte Lied, das seit dem 19. Jahrhundert gilt: Bei Konterrevolutionen sind die Deutschen mit dabei, Revolutionen verschlafen sie meistens. Nur dass es in unserem Fall um notwendige Investitionen in die Zukunft geht, die man versäumt. Denn das Land schleppt ein großes Defizit bei Infrastrukturinvestitionen mit sich herum und gefährdet damit sich selbst und das Wachstum in der EU. Ebenso bei Forschung und Wissenschaft, der einzigen Ressource, über die das Land verfügt. Über eine eigenständige politisch-militärische Machtperspektive verfügt die viertgrößte Volkswirtschaft seit 1945 nicht mehr. Also müsste doch alles getan werden, bei Wissenschaft und Forschung und deren industrieller Anwendung in der Weltspitze zu bleiben. Aber weder in die eigene Infrastruktur noch in Europa oder in Wissenschaft und Forschung oder gar in Bildung werden die Außenhandelsüberschüsse, die die Steuerquellen des Landes seit Jahren überreichlich sprudeln lassen, investiert. Das verstehe, wer will.

Das Land hat jenseits von Europa keine eigenständige Machtperspektive, die dem Erhalt seines Wohlstandes gerecht werden könnte, müsste also, im wohlverstandenen Eigeninteresse, seine ganze Kraft auf das Gelingen der EU richten und darin seine nationale Berufung sehen. In der Mitte Europas gelegen ist Deutschland nach wie vor der wirtschaftlich stärkste, finanziell potenteste Mitgliedstaat der EU, und das mit der größten Bevölkerung. Ohne dieses Deutschland (und ohne Frankreich – die zweitgrößte Volkswirtschaft der EU, ständiges Sicherheitsratsmitglied der UN und Nuklearmacht) ist eine Transformation der Europäischen Union hin zu einer souveränen Macht unter den Bedingungen des 21. Jahrhunderts schlicht nicht möglich.

Genau darum wird es in den kommenden Jahren gehen müssen, um die Transformation eines im Wesentlichen auf einem gemeinsamen Markt und einer gemeinsamen Rechtsordnung basierenden Staatenverbundes in eine souveräne Macht. Anders gesagt, die EU wird auch jene Teile der Souveränität, die über Jahrzehnte hinweg von den USA gewissermaßen in Auftragsverwaltung für Europa ausgeübt wurden, in Zukunft selbst ausüben müssen. Dazu wird, bei dauerhaftem Ausfall des Weltpolizisten USA, auch die teilweise Übernahme von dessen Aufgaben gehören. Siehe dazu das Beispiel Syrien. Für die Gemeinschaft wird dies aber eine weitreichende und tiefe Zäsur bedeuten, die sowohl ihre innere Verfasstheit als auch ihr Verhältnis zu anderen globalen Mächten betreffen wird. So wie Deutschland vor der Notwendigkeit der Anpassung seines Parlamentsvorbehalts steht, so wird die EU ohne die Einführung der Mehrheitsentscheidung in ihrer Außenpolitik zu keiner souveränen Macht mit einer eigenständigen Verteidigung werden können.

Soll dieser Schritt gelingen, dann wird es mehr denn je der engsten Kooperation und eines großen Verständnisses der beiden ungleichen Nachbarn auf beiden Seiten des Rheins sowohl bilateral als auch innerhalb der europäischen Institutionen bedürfen, um in Richtung europäischer Souveränität voranzukommen und die materiellen Fähigkeiten zu schaffen, die eine unverzichtbare Voraussetzung für eine europäische Selbstbestimmung in diesem Jahrhundert sind, und zwar sowohl zivil als auch militärisch.

Es ist dabei völlig gleichgültig, ob die EU ihre Verfassungsprobleme lösen oder ob sie weiter aus dem Staatenbund der Mitgliedstaaten plus einer langsam zunehmenden Integration bestehen wird. Die Antwort auf die Frage der europäischen *Souveränität*, die vor allem die äußere Sicherheit, die Technologie und Wissenschaft, soziale Gerechtigkeit und Demokratie betrifft, ist dabei zentral. Ohne die Ressourcen der beiden größten Volkswirtschaften der EU, ohne Deutschland und Frankreich, kann ein solcher Schritt nicht gelingen.

Frankreich unter Präsident Macron wird sich dabei weniger als Problem erweisen, denn das Land verfügt seit langer Zeit über ein ungebrochenes Selbstverständnis als europäische Groß- und Weltmacht und ist sowohl mental als auch institutionell darauf seit Langem ausgerichtet, ja begreift sich als eine eigenständige Zivilisation mit Weltgeltung – neben den USA und als eine der beiden Töchter der Aufklärung. Mit dieser durch de Gaulle nach 1945 erneuerten Tradition lebt Frankreich mit sich selbst im Einklang bis auf den heutigen Tag.

Ganz anders Deutschland mit seiner erst sehr spät zustande gekommenen nationalen und politischen Einheit und seiner seit 1871 mehrfach geborstenen Nationalgeschichte bis hin zur finalen, selbst herbeigeführten politischen, militärischen und moralischen Großkatastrophe am 8. Mai 1945.

Das Schicksal und die Richtung Europas wurden und werden seit langer Zeit in seiner Mitte entschieden. Genau dort aber liegt Deutschland. Definitiv galt dies seit 1871, der ersten politischen Einigung Deutschlands in der Neuzeit. Als Deutschlands Unglück sollte es sich erweisen, dass es von oben, von Bismarcks Preußen, von dessen Armee und von den deutschen Fürsten, geschaffen wurde – nicht von unten, vom Volk. Bis 1871 gab es in der Mitte Europas keinen starken Nationalstaat, der dann aber, nach seiner Entstehung, über eines der weltweit wichtigsten Industriereviere, das Ruhrgebiet, verfügen sollte. Es existierten zuvor politisch nur viele kleine und mittelgroße deutsche Staaten in dieser kontinentalen Mitte Europas, zwischen denen schon in vorindustrieller Zeit das europäische Gleichgewicht der Mächte im europäischen Staatensystem mühsam ausbalanciert wurde.

Die Vereinigung der europäischen Mitte in einem deutschen Nationalstaat hatte jedoch ihren Preis für die Deutschen: Die deutsche Einheit war nie nur eine Angelegenheit der Deutschen selbst gewesen, sondern betraf den ganzen Kontinent und seine Ordnung. Und so ist das bis in unsere Zeit geblieben. Deutschland geht eben nicht nur die Deutschen an, sondern betrifft alle anderen Europäer auch. Darin lag von Anfang an eine mentale Überforderung der Deutschen. Denn jeder Nationalismus ist schon aus sich egozentrisch und misstrauisch gegen Nachbarn und Fremde. Besonders aber der deutsche Nationalismus nach 1871. Die Flucht in einen aggressiven, sich selbst erhöhenden Nationalismus war die Folge dieser Unsicherheit und Überforderung. Deutschland entwickelte keine Idee von Europa, die den Zwängen seiner Mittellage entsprochen hätte, außer Gewalt und Unterwerfung der Nachbarn. Dies änderte sich grundsätzlich erst mit Adenauer und dem Entstehen der Bundesrepublik Deutschland.

Die deutschen Eliten nach Bismarck missverstanden diese Tatsache der kontinentalen Mittellage als Berufung zur kontinentalen Hegemonie und nicht zum friedlichen Interessenausgleich. Damit aber war der Weg des »ruhelosen Reiches« (Michael Stürmer) ins nationale Unglück vorgezeichnet.

Es gab zwar die deutsche Nation, die deutsche Sprache und Kultur, es gab die Deutschen und ihre »Kulturnation«, aber politisch gab es Deutschland lange nicht, sondern nur die Erinnerung an das längst verblichene Heilige Römische Reich Deutscher Nation. Erst durch Bismarcks Reichseinigung wurde dieser Mythos wiedererweckt, durch drei erfolgreiche Kriege Preußens – gegen Dänemark, Österreich und dessen Verbündete im Deutschen Bund und schließlich gegen Frankreich.

Am Ende stand die Einheit der (klein-)deutschen Nation, geboren aus »Blut und Eisen« (Bismarck). Dieser

»preußische Weg« zur lang ersehnten Einheit legitimierte das Prinzip überlegener militärischer Gewalt als Staatsraison. Deutschland war im Zentrum Europas zu einem siegreichen, waffenstarrenden, sich zunehmend industrialisierenden, autoritären Militärstaat geworden, dessen altpreußischer politischer Überbau jedoch sehr schnell in Widerspruch zu seiner industriellen und technisch-wissenschaftlichen und gesellschaftlichen Dynamik und Modernität geriet. Angesichts der stetig wachsenden Macht des jungen Reiches ging es bald um die Hegemonie, die Vorherrschaft auf dem Kontinent, und schließlich global nicht mehr nur um einen »Platz an der Sonne«, sondern um nicht weniger als die Weltherrschaft, um die Sonne selbst. Diese Ziele ließen sich nur durch Krieg gegen die etablierte Ordnung, sowohl auf dem europäischen Kontinent als auch global, erreichen. Der Erste Weltkrieg stand vor der Tür.

Aus heutiger Sicht klingt das alles nicht nur weit weg, sondern auch fantastisch daneben, surreal. Aber diese Fantasien, Sehnsüchte und Nachtmare bestimmten damals die Köpfe der Nation und ihrer politisch-militärischen Machthaber, auch von weiten Teilen der deutschen Intelligenz. Diese Ideen trugen in der Folge entscheidend zum Ruin fast des gesamten europäischen Kontinents und Deutschlands selbst bei, Bismarcks Werk ging nach nur wenigen Jahrzehnten seiner Existenz unter. Diese uns so fern scheinenden, aber in ihrer Zeit enorm wirkungsmächtigen Ideen waren verantwortlich für beispiellose Zerstörungen und den Tod von Millionen Menschen und später, unter den Nazis, für schrecklichste Verbrechen und noch mehr Tote. Und immer stand Deutschland mit seiner Macht und seinen Ambitionen im Zentrum dieses beispiellosen Orkans, der Europa innerhalb sehr kurzer Zeit zweimal heimsuchte und fast zerstört hätte.

Es gab jenseits der Schweiz, Schwedens, Portugals und Irlands wohl keinen direkten oder indirekten europäischen Nachbarn des Deutschen Reiches in der ersten Hälfte des 20. Jahrhunderts, der nicht vom Deutschen Reich überfallen oder in einen Krieg (oder, wie im Falle des Spanischen Bürgerkriegs mittels einer blutigen militärischen Intervention zugunsten einer Seite) hineingezogen worden wäre.

Deutschland unter Hitler wollte Revanche für den Ersten Weltkrieg, und die sollte es bekommen, und zwar gründlich. Der Traum von deutscher Weltmacht war in den Ruinen Berlins und in den Gaskammern der Vernichtungslager des Dritten Reiches endgültig und für immer zerbrochen. Aus, vorbei! Eine im 20. Jahrhundert zweimal gescheiterte Weltmacht, das war Deutschlands politisches Erbe, als im Mai 1945 endlich die Waffen schwiegen und die Überlebenden aus den Lagern der Nazis befreit worden waren.

Dieses Erbe eines völlig missratenen zweimaligen Weltmachtanspruchs scheint bei den heutigen Deutschen an der Oberfläche ihres durch und durch zivilen Alltags in Vergessenheit geraten zu sein. Dennoch bestimmt dieses Erbe die Deutschen tief in ihrem Innern bis heute.

Die ehrliche und ernste Schuldanerkenntnis für den Holocaust und an den anderen schrecklichen Verbrechen der deutschen Nazis gehört zum besten Erbe der vergangenen Bonner Republik. Aber es scheint, die verständliche und richtige Konzentration auf die moralische Schuld hat die politischen Konstruktionsfehler der ersten deutschen Nationalstaatsbildung 1871 und die spezifischen Schwierigkeiten, welche sich aus der kontinentalen Mittellage ergaben und Deutschland mit in den Abgrund führten, in Vergessenheit geraten lassen.

Die Mehrheit der Deutschen sieht Deutschland heute als ein durch und durch normales europäisches Land, zugegebenermaßen mit einer etwas merkwürdigen Geschichte. Aber dass diese Geschichte und die deutsche Mittellage ursächlich dafür sind, dass Deutschland für Europa eine besondere Verantwortung besitzt, würden schon weniger Deutsche teilen.

In den Tiefenschichten der kollektiven historischen Prägungen der heute lebenden Deutschen aber wirken die Traumatisierungen aus ihrer Geschichte immer noch fort, dank auch der fast liebenswert pazifistischen, stabil demokratischen und zugleich hoch erfolgreichen westdeutschen Bundesrepublik nach 1949. Was auffällt, ist, dass Deutschland in der Neuzeit mit seiner großen wirtschaftlichen Stärke politisch nicht umzugehen wusste. Erst als das Land ganz am Boden lag, nahezu vollständig zerstört war, als Millionen Flüchtlinge, Heimatvertriebene, ehemalige Zwangsarbeiter und durch die Nazis Deportierte zwischen den Ruinen umherirrten, erst als es von den Siegern des Zweiten Weltkriegs besetzt und in vier Besatzungszonen aufgeteilt war und ein deutscher Staat nicht mehr existierte, am Punkt äußerster Schwäche also, und erst mit der Gründung der Bundesrepublik Deutschland schienen die Deutschen politisch nach außen wie nach innen die richtigen Konsequenzen für sich gezogen zu haben.

Die westdeutsche Bundesrepublik war gerade deswegen so erfolgreich, weil sie die richtigen, tief greifenden Lehren aus dem nationalen Debakel Deutschlands gelernt hatte: Westintegration, ehrliche und ernste Schuldanerkenntnis und Verantwortungsübernahme für die Verbrechen und die Barbarei der Nazis und den Zweiten Weltkrieg. Im Innern Demokratie und Rechtsstaat, nach außen Gewaltverzicht und Verzicht auf jeden Revisionsversuch, die Aussöhnung mit Frankreich und Jahre später, unter Bundeskanzler Willy Brandt, auch die Aussöhnung mit den Nachbarn im Osten, die Akzeptanz und die Anerkennung der Ostgrenzen, das Bekenntnis zu Europa, zur Integration in die Nato und zur Europäischen Gemeinschaft. Am Ende dieser bundesrepublikanischen Erfolgsgeschichte stand die friedliche Wiedervereinigung 1990 mit Zustimmung aller Nachbarn und ehemaligen Kriegsgegner Deutschlands. Anders als beim ersten Versuch ging es beim zweiten absolut friedlich zu, Recht und Vertrag statt Schlachtenlärm und Militär, Europa statt nationaler Größe. Einheit ohne Glanz und Gloria. Trotz aller Anfechtungen, die innenpolitisch zu heftigen Kontroversen in der jungen Republik führten, war die Bundesrepublik ein in der deutschen Geschichte einmaliger Erfolg – *weil* sie so schwach, weil sie die Antithese zum Furor teutonicus war!

Das deutsche Nationalbewusstsein wurde nach 1945 zurückgeworfen auf seinen Anfang, nämlich auf die Frage der staatlichen Einheit, nachdem der deutsche Nationalstaat etwas mehr als siebzig Jahre nach seiner Gründung aufgehört hatte zu bestehen.

Zurück blieb anstelle eines deutschen Nationalbewusstseins das nationale Trauma einer umfassend gescheiterten Weltmacht. Dieses Trauma wirkt generationenübergreifend bis auf den heutigen Tag. Die Niederlage am 8. Mai 1945 war, im wahrsten Sinne des Wortes, total gewesen. Und die Zeitgenossen fragten sich damals angesichts des Desasters ernsthaft, ob es jemals wieder ein Deutschland geben würde.

Zugleich begann mit diesem Tag die radikale Abkehr der Deutschen von der kriegerischen Mentalität des Militärstaates, von Preußen, von seinen kriegerischen Traditionen und von den Ansprüchen auf europäische Hegemonie und deutscher Weltgeltung. 1918 hatte man noch durch die »Dolchstoßlegende« der deutschen Rechten die Einsicht in die eigene Verantwortung verdrängt und sich mit dem brennenden Wunsch nach Revanche betäubt. Nach dem 8. Mai 1945 war das nicht mehr möglich. Fast die ganze Welt hatte sich im Zweiten Weltkrieg zusammengetan, um der Barbarei des Furor teutonicus Einhalt zu gebieten und diesen ein für alle Mal zu besiegen. Es gab danach keine Ausflüchte, keine Entschuldigungen oder Verschwörungstheorien, kein Entkommen mehr vor einer vorbehaltlosen Konfrontation mit den Tatsachen und der deutschen Schuld, denn so total war die Niederlage und so offensichtlich die Monstrosität der Verbrechen und die Schuld der Nazis und damit Deutschlands gewesen. Der deutsche Nationalismus in seiner exzessiven, radikalen Form als Nationalsozialismus kümmerte sich nicht um die Nation, die ihm angeblich so am Herzen lag, sondern hatte diese nahezu lustvoll in seinem Größen- und Rassenwahn zerstört.

Die Nation der Soldaten und Krieger transformierte sich in ihrem westlichen Teil und unter der Aufsicht der westlichen Besatzungsmächte in der Folge erfolgreich in eine Nation von Produzenten, Ingenieuren und Händlern, von einem Militär- zu einem Handelsstaat, mit einer durch und durch zivilen und demokratischen Alltagskultur. Mit dem Furor teutonicus war es gründlich vorbei, an seine Stelle trat im kollektiven Bewusstsein der Deutschen ein »Nie wieder!«, ein aus einem nationalen Trauma hervorgegangener Pazifismus, der tief in die Identität der Deutschen eingedrungen ist und diese bis in die Gegenwart hinein bestimmt.

Der Pazifismus des »Nie wieder!« war die Maxime von noch einmal Davongekommenen nach einer selbst verschuldeten welthistorischen Katastrophe, der in Westdeutschland nicht nur auf der Linken zu Hause war, sondern im Bewusstsein aller politischen Lager eine große Wirkung hatte und hat.

Gewiss gab es in der frühen Bundesrepublik jede

Menge revisionistisches »Landsergerede«, Versuche zur Ehrenrettung der Wehrmacht und immer wieder die Forderung nach dem Ziehen eines historischen »Schlussstriches«, um dadurch die überlebenden Täter zu entlasten und vor Strafverfolgung zu schützen. Wie sollte es bei zwölf Millionen Heimatvertriebenen, Flüchtlingen und den Millionen von Kriegsteilnehmern und überlebenden Mitläufern und Nazis auch anders gewesen sein?

Aber solche Töne, die Revanche und Rückkehr zu den alten Grenzen des Deutschen Reiches von 1937, die Schlussstrich und Ehrenrettung forderten, sind allesamt gescheitert und blieben tatsächlich zu weiten Teilen nur Rhetorik. Die überlebenden Deutschen hatten definitiv genug von Weltpolitik, Weltgeltung, nationaler Ehre, vom Militär, von schimmernder Wehr und allem, was an Alltagskultur in früheren Zeiten damit zusammenhing, zumal sie mit dem Beginn des Kalten Krieges beiderseits des Eisernen Vorhangs auf dem potenziellen nuklearen Schlachtfeld eines jederzeit möglichen dritten Weltkriegs leben mussten. Der Stahlhelm wurde mit der Zipfelmütze des deutschen Michels vertauscht, und so schloss sich der Kreis der deutschen Nationalstaatsbildung. Das 20. Jahrhundert hätte, im positiven Sinn des Wortes, ein »deutsches Jahrhundert« sein können, stattdessen war es ein Jahrhundert von deutscher Zerstörung und Selbstzerstörung.

Die Geopolitik kennt aber, selbst nach den schlimmsten Katastrophen, kein stabiles Vakuum.

Wo sich bisher im Zentrum Europas ein waffenstarrender, aggressiver deutscher Nationalstaat befand, voller expansiver und – seit der Niederlage im Ersten Weltkrieg – auch voll revisionistischer Absichten, gab es seit dem 8. Mai 1945 nur noch ein aus Ruinen bestehendes Vakuum, das von den Siegermächten ausgefüllt und verwaltet und das von Millionen von Menschen bewohnt wurde, die ernährt und behaust werden mussten.

1945 hieß die Antwort der Siegermächte für das besetzte und besiegte Deutschland die Rückkehr zum Status quo ante, zurück vor die Gründung des deutschen Nationalstaats durch Bismarck. Das aber hieß die zumindest temporäre erneute Zerstückelung des Landes, wie es bis 1871 die politische Realität Deutschlands gewesen war. Der militaristische Koloss im Zentrum des Kontinents musste wieder zerlegt werden, sollte eine dritte Wiederholung des Albtraums definitiv ausgeschlossen werden. Aber ein solcher Schritt war in einem Europa der Nationalstaaten keine dauerhafte Lösung – die Deutschen wären die Einzigen in Europa gewesen, denen ein Nationalstaat verweigert worden wäre, was diese in einem europäischen Umfeld, geprägt von Nationalstaaten, auf Dauer niemals hingenommen hätten. Die Siegermächte hätten so einen anhaltenden Unruheherd, ein labiles Zentrum in Europas geopolitischer Nachkriegsordnung geschaffen, was nachgerade die Deutschen zu einem dritten Versuch unter nationalrevolutionären Vorzeichen hätte einladen müssen.

Die Aufteilung Deutschlands konnte deshalb nur so lange Bestand haben, wie die machtpolitischen Imperative der Hauptsiegermächte im Kalten Krieg galten. Sollten diese sich ändern oder gar wegfallen, würde die Geschichte quasi automatisch die deutsche Frage als Frage der nationalen Einheit wieder auf die Tagesordnung setzen und eine Antwort verlangen. Dies geschah dann mit dem Fall der Mauer am 9. November 1989 und dem Verschwinden von Sowjetunion und Warschauer Pakt kurze Zeit später.

Innenpolitisch war es Jahrzehnte später in Deutschland vor allem die extreme Rechte, die, lange Zeit unerkannt, die instabile Lage, vor allem die offene Identitätsfrage, für die Millionen von Ostdeutschen zu nutzen verstand und sich sehr viel schneller als die demokratischen Parteien aus dem alten Verfassungsbogen der westdeutschen Bundesrepublik auf den neuen Status quo nach der Einheit einzustellen wussten. Der früheren Staatspartei SED, in Gestalt der Linkspartei, war es in ihrem Bemühen, sich nach Westen auszudehnen, nicht gelungen, ihren Status als »Interessenvertreterin« des Ostens zu bewahren. In Verbindung mit einer großen nationalen oder auch nur vermeintlichen Krise der millionenfachen Zuwanderung im Jahr 2015 und der Unfähigkeit der damals in Berlin regierenden Großen Koalition unter Angela Merkel, auf diese unerwartete Herausforderung schnell, effizient und überzeugend zu antworten, wurden die politischen Bedingungen dafür geschaffen, dass die Rechtsextremisten seit 2017 mit einer großen Fraktion zum ersten Mal seit 1949 im Deutschen Bundestag vertreten sind.

Die Konstellation von 1945 führte angesichts der Widersprüche zwischen den Westmächten und der Sowjetunion zu dem vier Jahrzehnte währenden Kalten Krieg um Berlin, Deutschland und Europa, und dieser Kalte Krieg, der im fernen Korea recht früh zu einem heißen wurde, machte den Westmächten und der Sowjetunion schnell klar, dass sie auf eine Wiederbewaffnung ihrer jeweiligen deutschen Klientelstaaten nicht verzichten konnten. Die Deutschen im Westen (die Ostdeutschen wurden nicht gefragt) akzeptierten diesen Schritt keineswegs mit heißem Herzen und im nationalen Überschwang, vielmehr als einen kühlen Akt realpolitischer Vernunft zur Garantie ihrer Sicherheit vor einem weiteren Ausgreifen der Sowjetunion nach Westen, als einen Schritt zur Wiedergewinnung ihrer staatlichen Souveränität und als ihren Beitrag im Austausch mit der militärischen Schutzgarantie durch die Westmächte, vorneweg die USA.

Wäre die Wiederbewaffnung Westdeutschlands nicht einhergegangen mit einem sichtbaren und ernst gemeinten Bruch mit der Tradition von Wehrmacht und Preußen, so hätten die Widerstände der westeuropäischen Nachbarn der Bundesrepublik dagegen kaum überwunden werden können, denn die Erinnerungen an den zweimaligen Ausbruch deutscher Eroberungskriege im 20. Jahrhundert waren wenige Jahre nach dem Ende des Zweiten Weltkriegs noch zu frisch. Die Demokratie war noch sehr jung und das Vertrauen in Deutschland als verlässlichen, friedlichen Partner mitnichten gegeben. Es gab daher de facto einen Kompromiss, erzwungen vom Kalten Krieg und von dem drohenden Vakuum in der Mitte Europas, der in Deutschland aber mit dem Ablauf der Zeit und dem mit ihr einhergehenden Generationenwechsel zugunsten des radikalen Bruchs mit der Tradition aufgelöst wurde.

Die Wiederbewaffnung und der Eintritt der Bundesrepublik in die Nato hießen in Westdeutschland keineswegs die Rückkehr zu einer militarisierten deutschen Gesellschaft unseligen Angedenkens. Die neu entstehende Armee war erstens völlig in die Nato integriert und zweitens die Bürgerarmee einer zivilen Demokratie. Bis heute tut sich diese Armee wegen jenes radikalen Bruchs noch schwer mit der Frage ihrer Tradition und ihrer Rolle in der Zivilgesellschaft der Bundesrepublik Deutschland.

Verbunden mit der Sicherheitsfrage war damals auf das Engste die Frage des wirtschaftlichen Wiederaufbaus – nicht nur Deutschland, sondern ganz Europa hungerte. Europas Wirtschaft lag darnieder und der Wiederaufbau musste finanziert werden. Als Antwort auf diese kontinentale Misere entstand in den USA die großartige Idee des Marshallplans, der genau diese Ziele erreichte.

Aus der Sicht Washingtons sollte Europa verständlicherweise nur so kurz wie möglich Kostgänger der amerikanischen Hilfe sein und zum frühestmöglichen Zeitpunkt wieder wirtschaftlich auf eigenen Beinen stehen. Dies war auch das Interesse der Westeuropäer.

Das Ziel konnte aber nur mit massiver amerikanischer Unterstützung und durch die Öffnung des riesigen amerikanischen Binnenmarktes für europäische Produkte gelingen. Das Ergebnis war der Marshallplan, durch den vor allem auch die Hoffnung, die wichtigste Voraussetzung für jeden wirtschaftlichen Erfolg, in das kriegszerstörte und durch den Eisernen Vorhang geteilte Europa zurückkehrte, leider nur nach Westeuropa.

Der wirtschaftliche Wiederaufbau und die gelungene Demokratisierung sowie die schnelle Reintegration der einstigen Kriegsgegner Deutschland und Japan in die Pax Americana waren gewiss eine der größten diplomatischen und außenpolitischen Leistungen in der Geschichte der USA, die von Trump heutzutage achtlos beiseitegeworfen wird.

Viele Jahrzehnte später sollte Präsident Trumps abrupte Abkehr von jener über Jahrzehnte hinweg gewachsenen transatlantischen Nachkriegsordnung nun erneut die Gründungsfragen dieser transatlantischen und europäischen Ordnung für die Europäer aufwerfen. Deutschland etwa, als Nichtnuklearmacht, verlor durch den Kurswechsel Trumps nicht nur seine gewohnte Sicherheitsgarantie, sondern sieht auch sein auf Exporte und freien Welthandel gründendes wirtschaftliches Geschäftsmodell im Kern bedroht.

Seit dem Ende der bipolaren Ordnung und der Osterweiterungen von Nato und EU ist zudem aus Westeuropa das ganze Europa geworden. Wie souverän kann dieses schwache, in seiner Konstruktion unvollendete Europa mit all seinen internen Widersprüchen tatsächlich auch ohne die USA (und Großbritannien) sein? Welche Rolle wird dabei das wiedervereinigte Deutschland spielen, ja spielen müssen, mit der Last seiner Geschichte (und vielleicht trotz ihr)? Kann Deutschland angesichts der neuen strategischen Herausforderungen und seiner geopolitischen Lage in seinem historisch nur zu verständlichen Pazifismus verharren, ohne Europa zu blockieren und ihm damit schweren Schaden zuzufügen? Ich meine, nein. Es würde dann das Gegenteil von dem erreichen, was es seit der Gründung der Bundesrepublik als Konsequenz aus seiner schrecklichen Geschichte und seiner geopolitischen Lage im Zentrum des Kontinents erreichen wollte: ein vereintes Europa. Deutschland wird daher, entgegen seinen Instinkten, über den langen Schatten seiner Geschichte springen müssen – im Eigeninteresse und im Interesse Europas. Die Verknüpfung von drei Revolutionen, die allesamt von außen kommen, werden Deutschland zu einer Neupositionierung zwingen: Trump, der Aufstieg Chinas und die Digitalisierung.

Auch wenn es jeden überzeugten Transatlantiker zutiefst schmerzen muss, aber nach Trump bleibt Europa jenseits einer stillen Selbstaufgabe keine andere Möglichkeit, als auf sich selbst zu vertrauen und d. h. eine »gaullistische Wende« einzuleiten, indem es auf Distanz zu den USA geht und sich vor allem auf sich selbst verlässt. Trump zwingt die Europäer, ihre gemütlichen Abhängigkeitsverhältnisse aufzugeben und den Schritt in die eigene Mündigkeit zu tun. Keinem europäischen

Land wird das schwerer fallen als Deutschland, und zwar quer zu den politischen Lagern. Denn die USA werden dort wirklich als großer Bruder gesehen, zumindest im Westen der Republik.

Für Frankreich ist diese »gaullistische Wende« weniger ein Problem als für Deutschland. Denn Deutschland ist mental einem jahrzehntalten »Klientelismus« und der mit ihm einhergehenden »Kultur der Abhängigkeit« mitnichten entwachsen – andere sorgten im Ernstfall für seine Sicherheit und für die Stabilität einer regelbasierten multilateralen Weltordnung, in deren Rahmen die deutsche Exportwirtschaft so trefflich florieren konnte, ohne sich geopolitisch groß exponieren zu müssen. Ganz besonders galt dieses Abhängigkeitsverhältnis für den westlichen Teil des geteilten Deutschlands, die Bundesrepublik, das Kind Amerikas in Europa. Es verwundert daher nicht, dass man sich vor allem in Westdeutschland unter Trump wie verlassene Waisen fühlt.

Ein solcher gaullistischer Aufbruch Europas wird von Deutschland eine große Rollenveränderung, ja eine Änderung seines Selbstverständnisses erzwingen, was beides angesichts seiner Geschichte nicht ohne Risiko und nicht einfach ist. Die Deutschen sind ja nicht aus einer Laune heraus von Kriegern zu Pazifisten geworden, sondern sie hatten dafür gute, zwingende Gründe. Mit dieser pazifistischen Tradition zu brechen, birgt deshalb Risiken, auch wenn dieser Schritt im festen europäischen und westlichen Rahmen und für ein souveränes Europa und nicht für die Rückkehr zu nationaler Größe geschieht.

Eine wachsende Distanzierung vom Transatlantismus fällt Deutschland auch deswegen so schwer, weil dieser Transatlantismus, gemeinsam mit der deutschfranzösischen Aussöhnung und Freundschaft, den realpolitischen Kern von Adenauers Westintegration der jungen Bundesrepublik Deutschland ausgemacht hat. Frankreich hingegen wird seit Jahrzehnten und über alle Wechsel politischer Mehrheiten und seine verschiedenen Staatspräsidenten hinweg in seinem Selbstverständnis bestimmt durch de Gaulles Entscheidung zur französischen Eigenständigkeit und Großmachtrolle im westlichen Bündnis.

Die westeuropäische Nachkriegsordnung wurde nicht nur wegen der Notwendigkeit der Eindämmung der Sowjetunion gebaut, sondern auch wegen der Notwendigkeit der Integration (West-)Deutschlands in den Westen. Für den ersten Kanzler der westdeutschen Bundesrepublik war die Frage, ob Deutschland zum Westen gehört oder ob es sich weiter allein genug sein würde – als Macht zwischen Ost und West isoliert und schwankend, wie es seit 1871 der Fall gewesen war –, von allergrößter Bedeutung, wichtiger noch als der Wunsch nach nationaler Einheit und Wiedervereinigung.

Die Westintegration bedeutete: das Ende jeder deutschen Sonderrolle, der Weg zur europäischen Einigung (wenn auch zuerst nur zu einer westeuropäischen), zu einer neuen Staatenordnung in Europa, die eine Rückkehr zu den verheerenden innereuropäischen Kriegen ausschloss. Die Westintegration bedeutete das Ende jenes verhängnisvollen deutschen Sonderwegs, den das Land nicht nur politisch, sondern auch geistig seit 1871 eingeschlagen hatte. Und sie war auch die Absage an jegliche Form von deutschem Nationalismus, der so viel Unheil über Deutschland und Europa gebracht hatte.

Die europäische Gründergeneration hatte unter dem Eindruck zweier verheerender Weltkriege und unter der Drohung der Sowjetisierung Westeuropas groß und in historischer Dimension gedacht und gehandelt. Heute gibt es keine Trümmerlandschaften, keine furchtbaren Verheerungen mehr auf dem europäischen Kontinent, aber die Dimension der politischen Herausforderung ist eine ähnliche wie damals und wird vergleichbarer Weitsicht und Entschlossenheit durch eine jüngere Generation von Politikerinnen und Politikern bedürfen, die sich eben anschickt, in Europa die Führungsverantwortung zu übernehmen.

Der Transatlantismus wurzelt in Westdeutschland tief und bildet gemeinsam mit der deutsch-französischen Freundschaft und der europäischen Integration den Kern der Westbindung Deutschlands. Diese historische Richtungsentscheidung zur Westintegration gehört zum Selbstverständnis, zur Identität des heutigen demokratischen Deutschlands, und es kommt nicht von ungefähr, dass jeder neue Nationalismus in Deutschland, egal ob von rechts oder von links kommend, diese historische Entscheidung infrage stellt und weg vom Westen Richtung Osten drängt.

Eine Lockerung der Westbindung, jeder Versuch, hinter Adenauers historischem Schritt der Westintegration zurückzugehen, hätte für Deutschland schwerwiegende Folgen, die die Stabilität der europäischen Ordnung gefährden würden. Sie würde auf die erneute Vereinzelung, ja Isolierung des Landes hinauslaufen und das gesamte europäische Einigungsprojekt infrage stellen, denn ohne das Land in der europäischen Mitte hätte die EU keine Zukunft. Eine solche Entwicklung wäre ein Unglück für unser Land und den gesamten Kontinent, denn statt der europäischen Einigung käme es dann sofort zu einer Einigung aller anderen gegen Deutschland.

Noch schwerer als der Transatlantismus wiegt in der deutschen kollektiven Psyche das »Nie wieder!«, ein tief im nationalen Bewusstsein verankerter struktureller Pazifismus, der historisch aus sehr guten Gründen eine Rückkehr zu einer militärisch gestützten Außenpolitik, zur Weltpolitik gar, ausschließt. Eine gaullistische Wende der EU, die Donald Trump Europa aufzwingt, wird daher in Deutschland, egal unter welcher Regierungskoalition, innenpolitisch nicht einfach durchzusetzen sein, weil sie einen grundsätzlichen Mentalitäts-, ja, Identitätswandel verlangt. Dies bedarf einer entschlossenen Führung, die von dem, was sie an Neuausrichtung anstrebt, auch wirklich überzeugt sein muss. Im Klartext: Wir sprechen hierbei von einer ähnlichen historischen Leistung wie der Entscheidung Adenauers für die Westbindung in den Fünfzigerjahren des letzten Jahrhunderts oder Brandts Ostpolitik Ende der Sechzigerjahre. Und ähnlich kontrovers wird es innenpolitisch dabei zugehen.

Damit befindet sich die EU in ihrer Reaktion auf Trump in einem echten Dilemma, in einem »Deutschland-Dilemma«: Es geht nicht ohne die Deutschen, aber was geht mit ihnen? Ein Europa der Souveränität kann nicht ohne Deutschland und sein Potenzial Wirklichkeit werden. Geht das aber mit Deutschland? Und was geht?

Das Land steckt seit Längerem schon in einem Widerspruch. Einerseits ist es kraft der Größe seiner Volkswirtschaft, seiner Finanzkraft, der Größe seiner Bevölkerung und der geopolitischen Mittellage in Europa zur Führung, gemeinsam mit anderen, verpflichtet. Andererseits ist da seine Geschichte, das anhaltende Misstrauen der Partner und Nachbarn und auch das Selbstmisstrauen, die instinktive Abwehr gegenüber der Aufforderung zur Führung, ja eine regelrechte Angst davor, ein weiteres Mal zu versagen. Es geht hierbei nicht nur um Fragen der Vernunft, sondern um tief sitzende historisch gewachsene und begründete Emotionen, die sich nicht einfach werden wegdiskutieren lassen.

Ironischerweise besteht dabei das größte Hemmnis nicht einmal im tradierten deutschen Pazifismus, sondern sehr viel mehr in der Tatsache, dass Deutschland sich nachhaltig dagegen sträubt, seine tatsächlich vorhandene große *zivile* Macht, seine finanzielle Stärke, für ein souveränes Europa einzusetzen. Die berühmte »schwarze Null« erweist sich als ein noch weitaus größeres Hemmnis als der deutsche Pazifismus, denn sie fesselt die Wachstumskräfte in Deutschland und Europa, die gerade angesichts der Herausforderungen, die die Weltlage für Europa mit sich bringt, entfesselt werden müssten.

Zurück zu 1945. Damals hatten die Verantwortlichen auf der Seite der Westmächte aus Versailles und unter dem Druck des beginnenden Kalten Krieges gründlich gelernt. Deutschland durfte nicht gedemütigt, sondern musste, bei allen nachvollziehbaren Rache- und Strafbedürfnissen aufseiten der Sieger, wiederaufgebaut und in den Westen integriert werden, musste dank seines wirtschaftlichen Potenzials und seiner geopolitischen Mittellage in Europa sogar zum Stabilitätsanker einer dauerhaften europäischen Nachkriegsordnung werden. Solange die USA zudem mit starken Truppenverbänden im Zentrum Europas präsent waren, konnten die Frage einer instabilen europäischen Ordnung und die Gefahr einer Rückkehr der Gespenster der Vergangenheit als gelöst betrachtet werden.

Was aber wird jetzt und in Zukunft sein, auch nach Trump? Kehrt ohne die amerikanische Ordnungsmacht auf dem Alten Kontinent die deutsche Frage zurück?

Unter der »deutschen Frage« verstand man seit 1871 die Gefährdung der europäischen Ordnung durch ein das europäische Gleichgewicht der Mächte erschütterndes, mit hegemonialen Ambitionen versehenes Deutschland, das sich mit seinen technisch-wissenschaftlichen Leistungen, seiner Industrie und seinem Militär an der Weltspitze befand und die kriegerische Expansion nicht scheute, sondern suchte. Nach der Ablösung der Bismarck-Generation durch die Wilhelms' II. ging es dann, nach wenigen Jahren, schon um die Weltherrschaft, um den Angriff auf den globalen Status quo.

Der Weg von dem Zipfelmütze tragenden biedermeierlichen Bewohner der agrarischen Zwerg- und Kleinstaaten des damaligen Deutschlands – dem »deutschen Michel« – unter die preußisch-deutsche Pickelhaube einer sich industrialisierenden europäischen Großmacht und schließlich unter den Stahlhelm und in die Blitzkriege einer potenziellen Weltmacht vollzog sich in rasender Geschwindigkeit. Er dauerte gerade einmal drei Generationen und überforderte die Deutschen ganz offensichtlich mental und emotional.

Zumal diese große Transformation Deutschlands vom Agrar- zu einem der mächtigsten Industriestaaten der damaligen Zeit ohne feste Wertegrundlage wie die der Aufklärung vollzogen wurde – im Gegensatz zur Französischen und zur Amerikanischen Revolution. An die Stelle einer aufklärerischen Staatsidee trat im Falle des deutschen Spätkömmlings ein sich selbst erhöhender und selbst vergötternder Nationalismus und die Sakralisierung von Macht und Militär, die später dann in der menschen- und moralverachtenden Ideologie der Nationalsozialisten ihren furchtbaren Höhepunkt finden sollte.

Deutschland wird kein weiteres Mal mit aggressiver und expansiver Politik die Ordnung in Europa bedrohen können, das ist vorbei, für immer, trotz der Rechtsextremen im Deutschen Bundestag. Dazu haben sich die geopolitischen Bedingungen und Verhältnisse innerhalb und außerhalb Deutschlands viel zu sehr verändert und die Deutschen mit ihnen. Von gewaltsamen Grenzveränderungen und territorialen Gewinnen spricht und träumt heutzutage jenseits von Russland und vielleicht noch des Balkans in Europa niemand mehr. Die heute wirksame Tradition im Land ist die des westlichen zivilen »Handelsstaates« der alten Bundesrepublik.

Gewiss verdient, dreißig Jahre nach der Wiedervereinigung, das erneute Auftauchen radikalnationalistischer und selbst nazistischer politischer Kräfte und Parteien auf dem Hintergrund der deutschen Geschichte eine besondere Aufmerksamkeit. Auch die Wiederkehr des Antisemitismus ist erschreckend und muss alarmieren. Antisemitische Terrorakte sind auf dem Hintergrund der deutschen Geschichte ein unerträglicher Angriff nicht nur auf eine Minderheit, sondern zugleich ein direkter Angriff auf die Republik und müssen als solche bekämpft werden.

Angriffe auf jüdische Menschen und Einrichtungen wie Synagogen, Gemeindehäuser und Schulen müssen mit der ganzen Schärfe und Härte des Gesetzes geahndet und vor allem verhindert werden. Antisemitismus darf in Deutschland keine Chance mehr haben.

Selbst wenn dieser Renationalisierungsprozess überall in Europa und auch weltweit, vorneweg in den USA unter Trump, zu finden ist, stellt sich die Frage: Warum jetzt? Der letzte große Ausbruch eines extremen Nationalismus fand in den Zwanziger- und Dreißigerjahren des letzten Jahrhunderts in Europa statt, also in der unmittelbaren Nachkriegszeit des Ersten Weltkriegs. In diesem Krieg mit seinen sinnlosen Millionen von Opfern ging die klassische bürgerliche Epoche zugrunde, die »belle epoque«, wie sie in Frankreich auch genannt wurde. Nach diesem Krieg verschwanden die Monarchien, Revolutionen, vorneweg die Russische Revolution von 1917 und der sich daran anschließende grausame Bürgerkrieg, fanden statt, die multinationalen Imperien zerbrachen, neue Nationalstaaten entstanden in zahllosen kleinen Kriegen vor allem im Osten Europas und auf dem Balkan. Dreißig Jahre später, am ersten September 1939, begann ein noch sehr viel schlimmerer Krieg, der weitaus mehr Disruptionen mit sich bringen sollte. Dieser schrecklichste aller Kriege wurde dann nach kurzer Zeit als »Kalter Krieg« zwischen den beiden großen Hauptsiegermächten, USA und Sowjetunion, fortgeführt. Die Realität und Ordnung des Kalten Krieges ließ aber keinen Raum für populistisch-nationalistische Rückfälle, nur die Interessen der beiden Supermächte zählten und die Angst vor der anhaltenden kommunistischen Bedrohung in Westeuropa.

Mit dem Ende des Kalten Krieges seit 1989 ging dem Westen der Feind verloren, der diesen gezwungen hatte, seine Energien nach außen zu richten, und der nach innen integrierend gewirkt hatte. Die Europäer glaubten damals an das »Ende der Geschichte«, an Immanuel Kants »ewigen Frieden«, der jetzt gekommen sei. Es begann das Zeitalter des Neoliberalismus, in dem jeder und jede sich um sein/ihr eigenes ökonomisches Glück kümmern sollte. »It's the economy, stupid!« lautete der Satz von Bill Clinton, der diese Zeit prägen sollte und sich zugleich als großer Irrtum erwies. Tatsächlich aber begann mit dem Ende des Kalten Krieges im Westen, wo sich erst einmal nichts zu ändern schien, die große gesellschaftliche Desintegration, die bis heute anhält. Die Energien der Gesellschaften im Westen waren nicht mehr durch eine äußere Herausforderung gebunden, sondern richteten sich mehr und mehr nach innen. Die Rechtextremen und Populisten profitierten von diesen Zerfallsprozessen, sie hatten zahlreiche innere Feinde und die dazugehörende Ideologie zu bieten: ob es die EU war, Migranten, Fremde generell oder ob die alten antisemitischen Vorurteile und Nazimotive exhumiert wurden. Der Populismus war wieder da!

Die Rückkehr strategischer Zeiten bietet aber im Kampf gegen den Populismus zugleich eine große Chance. Wenn sich Europa und auch die USA wieder den großen Herausforderungen zuwenden, die Politik sich aus ihrem Gefängnis eines seelenlosen Pragmatismus ohne visionäre Kraft befreit und Antworten auf die großen strategischen Fragen der Gegenwart sucht, dann wird der populistische Mummenschanz sich schnell auflösen, denn zu diesen Fragen haben die Rechtsextremen und Populisten nichts zu bieten.

Gerade Deutschland steht aber unter besonderer Beobachtung und – angesichts des totalen Desasters, das dieselben politischen Kräfte in Deutschland und Europa beim letzten Mal angerichtet haben – Selbstbeobachtung. Trotzdem: Ein dritter Ausbruch des Furor teutonicus steht nicht zu befürchten.

Denn der neue Nationalismus und seine Ideenwelt sind weit von jeder Mehrheitsfähigkeit in Deutschland entfernt. Die positiven Erfahrungen in den Jahrzehnten der Bundesrepublik überwiegen und bestimmen die Mentalität der heute lebenden Deutschen insgesamt. Dann haben sich im Laufe der Jahrzehnte die Deutschen, vor allem aber auch die Zusammensetzung ihrer Eliten, grundlegend verändert und sind nicht mehr vergleichbar mit derjenigen der Zwischenkriegszeit. Die ostelbischen agrarischen Eliten, die wichtigsten Träger eines radikalen deutschen Nationalismus, sind durch den Gang der Geschichte für immer verschwunden. Vor allem aber könnten die Deutschen, selbst wenn sie wollten, den europäischen Status quo nicht mehr mit militärischen Mitteln angreifen oder gar die Dominanz in der Weltordnung des 21. Jahrhunderts anstreben. Eine solche Idee wäre nicht einmal mehr gefährlich, sondern schlicht nur noch lächerlich.

Der neue Nationalismus, nicht nur in Deutschland, sondern überall in Europa, verfügt politisch lediglich noch über Chaospotenzial, indem er die EU gefährden oder sich als Trojanisches Pferd von Putins Russland erweisen könnte, leider auch über Terrorpotenzial, aber nicht mehr über eine eigene strategische Macht-perspektive wie in den Dreißigerjahren. Auch damit ist es aus und vorbei.

Der frühere Bundespräsident Richard von Weizsäcker hatte recht, als er seinerzeit gegenüber Michail Gorbatschow, der die Existenz einer »offenen deutschen Frage« verneinte, entgegnete, dass die deutsche Frage so lange offen sei, wie das Brandenburger Tor geschlossen sei. Das Tor ist und bleibt offen, und die deutsche Frage als Bedrohung des europäischen Friedens ist und bleibt geschlossen.

Wie kein anderes Land in Europa ist Deutschland dagegen abhängig vom Gelingen der Europäischen Union. Was bleiben dem Land jenseits von Europa noch an Alternativen? Rückzug auf sich selbst, auf seine Geschichte? Über diese Option verfügt das Land nicht einmal mehr als Illusion, auch sie wurde den Deutschen durch die Barbarei der Nazis genommen. Denn ja, die deutsche Geschichte währte länger als zwölf Jahre, aber an dieser deutschen Urkatastrophe namens Hitler, Holocaust und Eroberungskrieg führt kein Weg vorbei. Verdrängen funktioniert nicht, vergessen erst recht nicht. Was also bleibt? Nur die Verantwortungsübernahme für die Schandtaten der deutschen Nazis und der Bau einer besseren europäischen Zukunft.

Deutschland könnte Europa gar nicht dominieren, selbst wenn es das wollte. Es ist eher umgekehrt: Nicht Dominanz, sondern eher Verweigerung heißt das aktuelle deutsche Problem in Europa.

Die Angst vor einem deutschen Europa erweist sich daher bei näherem Hinsehen lediglich als ein Popanz zum Zwecke der politischen Auseinandersetzung. Deutschland ist heute durch und durch europäisiert, politisch, wirtschaftlich, kulturell und auch emotional, selbst wenn die Rechtsextremen darüber regelrechte völkische Veitstänze aufführen mögen! Und dies nicht, weil die Deutschen auf der Suche nach einem anderen, übergeordneten Vaterland namens Europa wären, sondern kraft ihrer Interessen, ihrer geopolitischen Lage und der in den vergangenen sieben Jahrzehnten gewachsenen Werte und Traditionen, die bei der Mehrheit zur Identität geworden sind.

Kurz: Aus Deutschen sind Bundesrepublikaner geworden, und dies bedeutet einen echten umfassenden Neuanfang einschließlich der Übernahme der Verantwortung für die deutsche Geschichte und das Bekenntnis zu ihr.

Die Frage, die sich für Europa heute stellt, ist daher eine ganz andere: Wird Deutschland durch Untätigkeit und wegen der Traumatisierungen aus seiner Vergangenheit ungewollt und mit besten pazifistischen Absichten ein Vakuum schaffen oder zulassen, das den Schritt Europas hinein in seine gemeinsame Souveränität verhindert, zumindest aber verzögert?

Deutschland wird seine Angst und Scheu vor der Führung der EU (gemeinsam mit Frankreich) überwinden und lernen müssen, wieder strategisch zu denken und zu handeln! Und dies wird gegen seine historisch gewachsenen Instinkte zu geschehen haben. Eine eindeutige Einschränkung aber: Niemals allein! Immer gemeinsam mit anderen! Immer im europäischen Interesse!

Der Faktor Zeit ist in dieser Causa durchaus kritisch zu sehen, denn versäumte Gelegenheiten wiegen gerade in Phasen historischer Umbrüche besonders schwer. Sie kommen meistens nicht wieder.

Es ist erstaunlich, welche geopolitischen und historischen Wirkungen eine gleichermaßen banale und unberechenbare Persönlichkeit wie der amerikanische Präsident Donald Trump hat – er hat das Ende der Zeit der weltpolitischen Abstinenz Europas eingeläutet! Dabei zeigt dies nebenbei, über welches Ausmaß an Macht die USA tatsächlich immer noch verfügen. Exakt diese Macht macht den Unterschied. Nicht nur, dass dieser amerikanische Präsident Europa in eine grundsätzliche geopolitische Neuausrichtung und zu dem entscheidenden Schritt hinein in seine gemeinsame Souveränität zwingt. Sondern Trumps Politik legt auch die historischen Fundamente erneut frei, auf denen das Gebäude der EU weiland errichtet wurde.

Die zwei Nationen auf beiden Seiten des Rheins, Frankreich und Deutschland, hatten mit ihrer Rivalität, ja Erbfeindschaft im 19. Jahrhundert eine dauerhafte europäische Friedensordnung verunmöglicht. Die europäische Moderne, Europas Staatensystem an erster Stelle, wurde von dieser Konfrontation entlang des Rheins nicht zuletzt in mehreren Kriegen geformt. Am Ende, als Deutschland seine totale Niederlage herbeigeführt hatte und erneut aufgeteilt war unter den

Siegermächten, bot sich großen Staatsmännern an beiden Ufern des Flusses die Chance, diese verhängnisvolle Vergangenheit dauerhaft in neu entstehender Freundschaft und in einem sich vereinigenden Europa hinter sich zu lassen. Sie haben damals ihre Chance genutzt.

Heute, mit der Absage Donald Trumps an den Transatlantismus und mit Großbritanniens Absprung in ein dunkles Nirgendwo, wird es erneut auf diese beiden größten Gründungsnationen der EU – kraft ihres Potenzials, ihrer Größe, Interessen und gemeinsamen Geschichte – ankommen. Gemeinsame Souveränität setzt gemeinsame militärische, technologische und zivile Fähigkeiten voraus, die Europa gemeinsam aufbauen muss.

Frankreich steht in der Wirtschafts- und Finanzpolitik vor einer vergleichbaren Mentalitätswende – beide Akteure werden es mit großen innenpolitischen Kämpfen als Teil dieser notwendigen europäischen Transformation zu tun bekommen und werden diesen Auseinandersetzungen nicht ausweichen dürfen. Diese Transformation Europas ist nicht ohne Risiko und bedarf bei den führenden Staatsmännern und -frauen auch entsprechenden Mutes zum Risiko. Der Unterschied zu der Zeit der konstitutionellen Kämpfe innerhalb der EU ist der, dass diese Transformation von außen erzwungen wird. Am Ende steht entweder die Transformation der EU zu einer Macht und Europas Souveränität oder – bei Misslingen – sein selbst verschuldeter finaler Niedergang.

Selbstverständlich ist der Schritt in eine gemeinsame europäische Souveränität kein rein deutsch-französisches Projekt, sondern muss alle Mitgliedstaaten der EU umfassen. Aber die beiden Großen haben eben am meisten an Potenzial in die europäische Souveränität einzubringen, und je mehr sie dies tun werden, desto besser werden sich die Erfolgsaussichten für das gesamte Projekt gestalten. Frankreich und Deutschland stehen also ein weiteres Mal gemeinsam in einer besonderen Verantwortung für Europa angesichts dieser historischen Veränderungen.

Freilich wird eine erfolgreiche deutsch-französische Zusammenarbeit kein Selbstläufer sein, denn beide Länder sind, bei aller historischen Nähe und trotz jahrzehntelanger enger Zusammenarbeit, doch sehr verschieden und sind sich tatsächlich immer noch ein gutes Stück weit fremd. Auf dem Oktobergipfel 2019 der Staats- und Regierungschefs in Brüssel blockierte z.B. das französische Veto die Aufnahme von Beitrittsverhandlungen für Albanien und Nordmazedonien. Man fragt sich zu Recht, warum es über diese für die Stabilität des westlichen Balkans so entscheidende Frage, bei der es um die Glaubwürdigkeit der seit dem Gipfel von Tessaloniki 2003 gemachten Zusage Brüssels ging, nicht eine bessere deutsch-französische Abstimmung gab, um ein solches Debakel zu verhindern. Es wird, wie dieses negative Beispiel zeigt, auch heute noch sehr viel Verständnis für- und Vertrauen ineinander bedürfen, um die historisch gewachsenen Unterschiede und unterschiedlichen Interessen und die sich daraus ergebenden differierenden Perspektiven geduldig zu überbrücken und zusammenführen zu können. An dem allfälligen »Außendruck« wird es allerdings in den kommenden Jahren kaum mangeln, eher wird das Gegenteil der Fall sein.

Das Ende der Zeit jener »gemütlichen Knechtschaftsverhältnisse« unter der Aufsicht und weltpolitischen Verantwortung des großen Bruders USA bedeutet für Deutschland als größten und wirtschaftlich stärksten Mitgliedstaat der EU ein sehr viel größeres Maß an Verantwortung für Europa, wirtschaftlich, finanziell, militärisch und politisch, als dies in der Vergangenheit der Fall war. Dazu wird auch gehören, ein größeres Risiko im Interesse Europas einzugehen. Die Deutschen werden dazu über ihre langen historischen Schatten springen müssen. Genau das ist in diesem Fall unter dem oft strapazierten Begriff »Führung« zu verstehen.

Von Deutschland sagte man, dass es zu groß für Europa und zu klein für die Weltpolitik wäre. Deutschlands Schicksal aber wird durch Europa bestimmt. Seine zweifellos noch vorhandene wirtschaftliche und finanzielle Stärke für dieses Europa einzusetzen, militärisch im europäischen Interesse seine Traumen zu überwinden und den Weg, gemeinsam mit den anderen Europäern, in die europäische Souveränität zu gehen, wird diesen Widerspruch auflösen.

Die Bedrohung der Freiheit –
digitale Revolution und Geopolitik

Das 21. Jahrhundert wird durch die Digitalisierung bestimmt werden, und zwar im umfassenden Sinne. Dies gilt gerade angesichts der Tatsache, dass die künstliche Intelligenz (KI) gerade weltweit in die früheste Phase ihrer praktischen Anwendung geht. Sie wird nicht nur eine technische, sondern sehr viel mehr auch eine ökonomische und gesellschaftliche Revolution mit sich bringen. Kein Bereich menschlicher Existenz wird davon ausgenommen bleiben. Riesige Datenmengen werden in Zukunft – in Verbindung mit künstlicher Intelligenz wie mit neuen Formen der Computertechnologie wie Quantencomputern – die Transformation von Wirtschaft und Gesellschaft bestimmen und kaum einen Stein auf dem anderen lassen. Umso wichtiger ist angesichts dieses historischen Moments die Frage, ob Europa bei diesem technologischen Aufbruch dabei oder bereits abgehängt ist.

Google präsentierte stolz die Nachricht, dass es seinen Wissenschaftlern in Kalifornien gelungen wäre, mithilfe eines von dem Unternehmen gebauten Quantencomputers in drei Minuten und 20 Sekunden eine wissenschaftliche Berechnung anzustellen, für welche der modernste klassische Supercomputer etwa 10 000 Jahre bräuchte (so die *Financial Times* vom 21. September 2019, S. 1.). Zwar sind Quantencomputer noch Jahre oder vielleicht Jahrzehnte von ihrer praktischen Anwendung entfernt, aber die Technologie wird kommen. Dies nur als Hinweis auf die völlig neue Dimension und Geschwindigkeit, die in der digitalen Zukunft binnen weniger Jahre Wirklichkeit werden wird. Unsere Welt wird dann völlig anders aussehen.

Was während des Kalten Krieges der Rüstungswettlauf zwischen den Supermächten gewesen ist, wird im 21. Jahrhundert der digitale Technologiewettlauf um die globale Spitzenposition oder um die Zugehörigkeit zur digitalen Spitzengruppe werden. Europa muss nicht um die globale Nummer eins kämpfen, aber seine Zugehörigkeit zur globalen Spitzengruppe in der digitalen Revolution ist ein absolutes Muss, wenn es sich nicht in seinen Niedergang schicken will. Die macht- und gesellschaftspolitischen Konsequenzen dieser Revolution werden sehr viel weiter reichen – da sie tiefer und direkter in den gesellschaftlichen Alltag von Milliarden von Menschen eingreifen werden –, als es die nukleare Revolution getan hat, die im Wesentlichen auf den militärischen und machtpolitischen Bereich beschränkt blieb, während sich die in den Fünfzigerjahren hochfliegenden zivilen Versprechen der Nukleartechnik nicht erfüllt haben.

Mit der Nutzung großer Datenmengen werden die Algorithmen der künstlichen Intelligenz mehr und mehr Aufgaben übernehmen, die bisher von Menschen ausgeführt wurden. Diese Entwicklung wird den Arbeitsmarkt und damit die gesellschaftliche Wirklichkeit dramatisch verändern. Heute noch hochmoderne und dominierende Technologien, Verfahren und Dienstleistungen, von Menschen aus Fleisch und Blut ausgeführt, werden durch die KI innerhalb sehr kurzer Zeit entwertet werden, und selbst bedeutende Unternehmen, die auf diese Entwicklung nicht rechtzeitig reagiert haben, werden vom Markt verschwinden. Und mit ihnen ihre Arbeitsplätze. Staaten und Volkswirtschaften hingegen, die dieses Schicksal ereilt, werden im 21. Jahrhundert durch Souveränitätsverlust, Abhängigkeit, Fremdbestimmung und Wohlstandsverlust bestraft werden.

Freilich wird auch die digitale Zukunft an einer Wachstumsbarriere nicht vorbeikommen: dem Klimaschutz und den Auswirkungen der »Verdoppelung der Welt« in eine analoge und in eine digitale für das begrenzte Ökosystem Erde. Die digitale Welt ist mitnichten klimaneutral und energetisch »sauber«, auch wenn es auf den ersten Blick den Anschein hat. Sie ist ganz im Gegenteil sehr energieintensiv und hängt von dem allfälligen Einsatz elektrischer Energie ab, gleich ob fossil, nuklear oder regenerativ erzeugt. Sie erbt damit höchst analoge Probleme, die der riesige Energiebedarf für die gigantischen Serverfarmen, Megacomputer und Quantencomputer und auch die Milliarden von Smartphones mit sich bringt. Ohne diese Energie würde diese ganze virtuelle Wunderwelt sofort stillstehen und jeglichen Wert verlieren. Die Energie muss jedoch in der analogen, der »wirklichen« Welt produziert werden, begleitet von den allseits bekannten Folgen für Weltklima und Umwelt.

Jeder einzelne Klick schlägt in der energetischen Bilanz der zweiten, der virtuellen Welt zu Buche (allein Google soll mit seiner Suchmaschine täglich 3,5 Milliarden Suchanfragen bearbeiten!). Auch die Blockchain-Technologie, wie sie für Cybergeld wie etwa Bitcoins verwendet wird, und die Generierung dieses Geldes im Internet sind extrem energieintensiv. Ähnliches gilt für das Deep Learning der künstlichen Intelligenz. Allein für die Kühlung der riesigen Serverfarmen werden riesige Mengen Energie benötigt.

Angesichts des weltweiten Wachstums der digitalen Technologie hinterlässt diese scheinbar so saubere Technologie einen dramatisch hohen Kohlenstofffußabdruck, der mit dem Fortgang der digitalen Revolution noch zunehmen wird. Man könnte es auch auf die einfache Formel bringen, dass eine »Verdoppelung der Welt« eben ihren Preis hat, auch und gerade im Klimaschutz. Auf die analoge wird noch eine digitale Welt aufgesetzt und so eben sehr viel mehr Energie benötigt und verbraucht als in einer analogen Welt allein. Laut *Handelsblatt* sollen nur in Deutschland Computer, Smartphones und IT-Services jährlich für rund 33 Mio. Tonnen CO_2-Emissionen verantwortlich sein. Das entspräche etwa dem CO_2-Ausstoß des deutschen Luftverkehrs im gleichen Zeitraum. Nach Schätzungen von Wissen-

schaftlern würde die Internet- und Telekommunika-
tionstechnik in Deutschland im Jahr 2020 bereits ein
Fünftel des gesamten Stromverbrauchs ausmachen.
In anderen Industrieländern gehe die Entwicklung in
die gleiche Richtung.

Man verfängt sich hier aber sofort in einem Widerspruch, denn gerade die digitale Datenerfassung und
Effizienzsteuerung wird im Kampf gegen die Klimakrise mehr denn je benötigt, wird daher immer wichtiger werden, je bedrohlicher die Klimakrise vor-
anschreitet. Ja, die Klimakrise in der analogen Welt
könnte die zweite, digitale Welt so erst recht unverzichtbar machen. Die digitale Revolution wird sich
durch solche inhärente Widersprüche nicht aufhalten
lassen, wohl aber könnte Europa als Spätkömmling
aus den Fehlern vor allem des Silicon Valley lernen
und versuchen, den Aufbau seiner digitalen Kapazitä-
ten von Anfang an »klimafreundlich« zu gestalten und
daraus nicht nur einen Forschungsschwerpunkt, sondern ein leitendes Grundsatzprinzip seiner Digitalisierung zu machen.

Daraus könnte ein spezifisches Signum für Europa
im digitalen Zeitalter werden: Europa als der Kontinent des Klimaschutzes, der digitalen Modernisierung
und der Freiheit, dieser Dreiklang sollte die grundsätzliche Positionierung Europas in der Konkurrenz der
Mächte und Märkte in der neuen Weltordnung bestimmen.

Gewiss wird es alles andere als einfach werden,
diese drei Ziele zu harmonisieren, aber es wäre aller

Anstrengung wert, denn es würde der europäischen Souveränität eine spezifisch europäische Gestalt verleihen, die sich von derjenigen Chinas – eines totalitären Staatskapitalismus – und von der der USA – eines radikalisierten Privatkapitalismus – in der Gerechtigkeitsfrage und in der Freiheitsfrage unterscheiden würde. Diese Fragen werden sich vor allem mit der verstärkten Durchsetzung der künstlichen Intelligenz in allen Lebensbereichen stellen.

Vor allem der Arbeitsmarkt und zahlreiche Berufe, auch und gerade im höheren Dienstleistungsbereich, werden von der digitalen Revolution betroffen werden, ja die Arbeit selbst als der zentrale Organisationspunkt menschlichen Daseins. Auch die gesellschaftliche Teilhabe könnte durch diesen Prozess der Übernahme menschlicher Tätigkeiten durch lernende und miteinander kommunizierende Algorithmen grundsätzlich infrage gestellt werden. Bei einer solchen Entwicklung ginge es um nicht weniger als um das fundamentale Organisationsprinzip menschlicher Gesellschaft, das bisher immer auf Arbeit beruhte. Sie entschied und entscheidet in der Regel über Einkommen, sozialen Status und soziale Teilhabe schlechthin und bildet damit auch die Grundlage für die moderne westliche Demokratie.

Die in unserer Zeit begonnene Debatte um das bedingungslose Grundeinkommen reflektiert bereits diese Entwicklung in den westlichen Gesellschaften. Diese Debatte wird heute noch vor allem unter sozialpolitischen Gesichtspunkten geführt, dabei geht es hier um sehr viel mehr, nämlich um die Zukunft der auf Arbeit beruhenden menschlichen Gesellschaften überhaupt. Welches andere Prinzip der sozialen Teilhabe lässt sich denken? Was wird in Zukunft eine Gesellschaft demokratisch zusammenhalten, der die Arbeit ausgeht oder zumindest auszugehen droht? Dies sind die Grundsatzfragen, die durch die digitale Revolution über kurz oder lang auf die menschliche Gesellschaft zukommen und beantwortet werden müssen.

Die digitale Revolution wird also eine massive soziale Dimension haben und ist mit der Frage der Zukunft der Arbeit untrennbar verknüpft. Es zeichnet sich hier eine soziale Revolution ab, welche die Gesellschaft sehr viel grundlegender verändern wird, als dies die Industrialisierung zu Beginn des 19. Jahrhunderts getan hat. Zwei große Revolutionen der Arbeit haben die Menschheitsgeschichte bestimmt: die agrarische (oder auch neolithische) mit der Sesshaftwerdung des Menschen und der Entstehung der Landwirtschaft sowie die industrielle Revolution, einhergehend mit der Verstädterung – die Menschen zogen vom Land in die Stadt und von den Feldern in die Fabriken – verbunden mit einer Vervielfachung der von Menschen genutzten Energie, überwiegend fossiler Energie. Die digitale Revolution, bei der es um die Nutzung menschlicher Intelligenz durch Maschinen geht, wird die beiden vorangegangenen in ihrer Auswirkung noch übertreffen.

Wer sich in der Spitzengruppe dieser digitalen Revolution befindet, wird diese mitgestalten und darauf eher Antworten finden als all diejenigen, denen lediglich der Nachvollzug bleibt. Zu glauben, man könne sich von dieser globalen Revolution einfach abkoppeln, wäre ein historischer Irrtum. Es gab keine Abkoppelung von der Industrialisierung. Diejenigen, die bei der Industrialisierung nicht dabei waren, bezahlten dafür einen hohen Preis. Genauso wenig wird es eine Abkoppelung von der digitalen Revolution geben. Es wird daher nichts anderes bleiben, als diese so demokratisch und sozial wie möglich zu gestalten und die Bewahrung der individuellen Freiheit in das Zentrum dieser europäischen Form der Digitalisierung zu stellen. Die Digitalisierung wird eine gewaltige soziale und politische Revolution nach sich ziehen, die gestaltet werden muss. Wer wird dies besser bewerkstelligen, China oder der Westen? Und innerhalb des Westens – Amerika oder Europa? In diesem Wettbewerb um die soziale und ökologische Gestaltung der Digitalisierung sollten die Europäer großen Ehrgeiz entwickeln, denn dabei wird es um ihre Zukunft, um ihre Art zu leben gehen.

Wer im 21. Jahrhundert über Souveränität spricht, kann zur Datensouveränität nicht schweigen. Menschen, Dinge, Prozesse, alle Sachverhalte werden zu Daten. Wer verfügt zu welchen Bedingungen über diese Daten? Wem gehören sie? Dahinter verbirgt sich die digitale Machtfrage, denn wer in der digitalen Welt über diese Daten verfügt, der verfügt über die Macht. Wer darf, wer kann sie verarbeiten? Die virtuelle digitale Persönlichkeit besteht aus den Daten, die der Einzelne produziert oder hinterlässt. Die »persönliche Datensouveränität« wird absehbar nicht nur eine immer wichtigere Frage für die Freiheit des Einzelnen in einer Demokratie, für die Zukunft individueller Freiheit überhaupt werden, die digitale Souveränität wird auch zu einer entscheidenden Wettbewerbsfrage in einer Marktwirtschaft und zu der entscheidenden Machtfrage zwischen den Staaten werden.

Im 21. Jahrhundert wird es daher zu einer neuen Hierarchie der Souveränität zwischen jenen Staaten und Volkswirtschaften, welche die Kontrolle über große Datenmengen besitzen, und jenen, die davon abhängig sein werden, kommen.

Wenn man diesen Souveränitätsbegriff zugrunde legt, dann gibt es bereits heute nur noch zwei voll souveräne Mächte, nämlich die USA und China, und, eingeschränkt, vielleicht Israel.

Für Europa, das fortan auf sich allein gestellt sein wird, sieht die Zukunft gegenwärtig dagegen wenig vielversprechend aus, denn es verfügt über kaum eine der digitalen Souveränitätsbedingungen und ist nahezu vollständig von den großen Techkonzernen der USA oder Chinas abhängig und damit unter der Kontrolle fremder Souveränität. Der Handel mit Autos ist, jenseits von Zöllen und nicht tarifären Handelshemmnissen, keine Souveränitätsfrage, die Kontrolle von Daten aber schon. Das macht den entscheidenden Unterschied aus.

In diesem Jahrhundert wird durch die digitale Revolution eine neue Machtverteilung bis ins Innere der menschlichen Gesellschaften vordringen und die Privatsphäre nicht aussparen. Die digitale Kontrolle aller Lebensäußerungen von Wirtschaft und Gesellschaft verspricht eine weitaus größere Machtfülle, als dies in der alten, analogen Welt mittels Militär, nuklearer Sprengköpfe, Panzern und anderer militärischer Hardware jemals möglich gewesen war. Diese traditionelle militärische Hardware wird zwar ihre Bedeutung behalten, gleichwohl wird die digitale Kontrolle auch bei der militärischen Hard Power den Spitzenplatz einnehmen. Die digitale Souveränität (d.h. die Kontrolle von Plattformen, Soft- wie Hardware, Netzen, Clouds etc.) wird daher perspektivisch wichtiger werden als der Bau von Panzern, Flugzeugträgern oder neuen Kampfflugzeugen und wird allein dadurch die Geopolitik tief greifend beeinflussen und verändern.

Europa hat aufgrund seines jahrzehntelangen transatlantischen Klientelverhältnisses militärisch wie digital sehr vieles aufzuholen. Es sollte seine Priorität eindeutig auf die digitale Souveränität legen, denn dadurch kann es die Grundlagen für die Wettbewerbsfähigkeit seiner Wirtschaft und die Zukunftsfähigkeit seiner demokratisch verfassten Gesellschaften und Sozialstaaten im 21. Jahrhundert und seine Sicherheit entscheidend verstärken. Dazu gehört vor allem die Verteidigung seiner immer noch vorhandenen Spitzenposition in Forschung und Entwicklung. Europa mit seinen internen Vernetzungsmöglichkeiten unter Einschluss von Nichtmitgliedern der Union bietet eigentlich hervorragende Voraussetzungen, um global mithalten zu können. Es muss nur endlich aufwachen und sich dem Veränderungstempo anpassen.

Der laufende sinoamerikanische Handels- und Technologiekrieg hat die technologische Rivalität und Konfrontation zwischen den beiden Großen bereits Wirklichkeit werden lassen. Das Lieferverbot amerikanischer Computerchips an eine chinesische Firma wie den Telekommunikationsausrüster ZTE erwies sich als eine veritable Existenzbedrohung für das Unternehmen, denn China kann diese Chips noch nicht in ausreichender Menge selbst herstellen oder auf dem Weltmarkt kaufen. Der Firma aus Shenzhen wurden Verstöße gegen die amerikanischen Wirtschaftssanktionen im Falle Irans und Nordkoreas, aber auch Industriespionage vorgeworfen. (Mittlerweile hat sich das Unternehmen dank weitgehender Zusagen und Garantien gegenüber den US-Behörden inklusive der Auswechslung der Unternehmensführung und hoher Strafzahlungen mit den Behörden in den USA geeinigt, sodass der sich abzeichnende Untergang von ZTE abgewendet werden konnte.)

Hier sei auch der Lizenzentzug gegenüber dem chinesischen Hightechriesen Huawei durch Google für dessen Android-Software für Mobiltelefone angeführt, wobei der eigentliche Schlag der Entzug des automatischen Zugangs zu den Apps von Google ist. Das Unternehmen handelte in der Umsetzung eines Dekrets von Präsident Trump und brachte so den chinesischen Hightechriesen auf Drittmärkten wie Europa in große Schwierigkeiten. Beste Hardware und eine ungenügende Software gehen zulasten der Hardware, so lautet die amerikanische Kalkulation, und sie scheint aufzugehen. Nun haben die US-Behörden auch eine genauere Sicherheitsüberprüfung der bei Jugendlichen sehr beliebten chinesischen Video-App Tiktok angekündigt, unterstützt von beiden Seiten im Kongress. All das und täglich neue Nachrichten über repressive Maßnahmen der USA gegen chinesische Techunternehmen sind eindeutige Hinweise darauf, dass der Technologiekrieg zwischen den beiden Weltmächten Fahrt aufnimmt.

Die USA nutzen in dieser Auseinandersetzung ihre Monopolstellung und Spitzenposition sowohl bei Hardware als auch Software, um chinesische Konkurrenten zurückzudrängen oder ihnen das Leben, nicht nur auf dem US-Markt, sondern global schwer bis unmöglich zu machen. Für China wird diese schmerzhafte Erfahrung unmittelbar eine kaum zu unterschätzende Konsequenz mit ebenfalls globalen Auswirkungen haben: China wird sich in der Digitaltechnologie völlig aus jeglicher Abhängigkeit von den USA lösen und, so schnell wie möglich, zukünftig alles selbst produzieren, koste es, was es wolle.

Die Entwicklung der digitalen Technologie, Hardware wie Software gleichermaßen, war von Anfang an nicht nur in den USA auf das Engste mit dem Militär und der Weltraumfahrt verbunden. Das US-Verteidigungsministerium war mittels seiner dafür geschaffenen Agenturen wie z.B. DARPA (Defence Advanced Research Projects Agency) mit einem jährlichen Budget von etwa 3 Mrd. Dollar über die Jahrzehnte hinweg wohl der älteste und ausdauerndste Risikokapitalgeber für das Silicon Valley. Ein aktuelles Beispiel ist der Auftrag für den amerikanischen Digitalriesen Microsoft seitens des Pentagons in einer Größenordnung von über 10 Mrd. Dollar (etwa 9 Mrd. Euro) für das sogenannte Jedi-Projekt. Damit soll eine Cloud exklusiv für das US-Militär und alle Teilstreitkräfte der USA aufgebaut werden. Diese enge Verbindung zwischen dem militärischen und dem digitalen Sektor gilt für China wie für ein kleines Land wie Israel, das jedoch digital eine Großmacht ist. Und auch Europa wird sich bei der Aufholjagd dieser Verbindung, allein schon wegen der finanziellen Ressourcen der Verteidigungsetats der Mitgliedstaaten der EU, nicht entziehen können.

In China regiert eine autoritäre Einparteienherrschaft mit einer staatlich gelenkten Volkswirtschaft, beruhend auf einer hybriden Struktur aus allgegenwärtiger staatlicher Lenkung und Kontrolle und staatlichen und privaten Unternehmen, die sich aber seit Xi Jinping ebenso unter der Kontrolle von Partei und Staat befinden. Dasselbe gilt für das staatlich kontrollierte Finanzsystem, das für die entsprechenden Finanzierungen sorgt. Man sollte diese hybride Wirtschaft jedoch auf keinen Fall mit dem sowjetischen Modell verwechseln, denn innerhalb der durch die Kontrolle von Staat und Partei gesetzten Grenzen agiert eine hochkompetitive Privatwirtschaft, findet Wettbewerb zwischen den Marktteilnehmern in äußerster Härte statt, der Gewinner und Verlierer kennt. Nur wenn es um strategische Fragen oder das Machtmonopol der Partei geht, endet die Privatwirtschaft und gelten die politischen Ansagen der Führung. Und selbstverständlich ist der große Sektor staatlicher Unternehmen ein direkter Hebel von Staat und Partei, allerdings nicht immer zum Nutzen der angestrebten betriebswirtschaftlichen und auch gesamtwirtschaftlichen Ziele. Denn viele Staatsunternehmen arbeiten nach wie vor defizitär, müssen, etwa bei der Anzahl der Beschäftigten, politischen und nicht betriebswirtschaftlichen Vorgaben folgen und hängen daher von teuren Subventionen aus den öffentlichen Haushalten ab.

In den USA sind es riesige Privatunternehmen, quasi Hyper-Monopole, aber der gewaltige Verteidigungsetat spielte und spielt auch hier, neben dem privaten Kapitalmarkt, für die Digitalwirtschaft eine erhebliche, ja oftmals entscheidende Rolle, wobei sich perspektivisch die Rollenverteilung zwischen Staat und privaten Digitalgiganten in den USA umzukehren droht. Man könnte auch verkürzt behaupten, dass die digitale Revolution aus der Privatisierung der Forschungserfolge des US-Militärs und der Weltraumagentur des Landes und der mit beiden kooperierenden Unternehmen hervorgegangen ist.

Mit fortschreitender Digitalisierung des Alltags und der Wirtschaft in den USA wird es nicht mehr der Staat sein, der die detaillierten Daten und Informationen über seine Bürger besitzt, sondern die Digitalgiganten der privaten Wirtschaft. Für die Zukunft der amerikanischen Demokratie und, mehr noch, für die persönliche Freiheit der Bürger verheißt das nichts Gutes. Auf jeden Fall zeichnet sich hier eine neue große Entwicklung in den USA ab, die das Verhältnis von Staat und privaten Digitalkonzernen grundsätzlich zu verändern droht. Europa sollte hierzu seine ganz eigene freiheitliche und demokratische Alternative entwickeln und keineswegs Silicon Valley blind kopieren, vom autoritären chinesischen Modell ganz zu schweigen.

Auch die Pläne von Facebook, eine eigene globale Digitalwährung namens »Libra« einzuführen – nichts weniger als die Privatisierung des Geldes mittels Digitalisierung –, fallen unter diese strukturelle Veränderung im Verhältnis von Staat und den großen, enorm kapitalstarken Techunternehmen der amerikanischen Westküste. Diese absehbare Entwicklung wird einen hohen politischen Regulierungsbedarf, auch außerhalb der USA, mit sich bringen, auf den Europa vorbereitet sein muss, will es in Zukunft nicht die demokratisch-öffentliche Kontrolle über seine Währung verlieren. Ob »Libra« gleich beim ersten Anlauf durchsetzbar sein wird, tut dabei wenig zur Sache. Die Idee ist geboren, die Technologie ist verfüg- und bezahlbar und wird deshalb früher oder später kommen. Die offene Frage ist nur: wann? Durch wen? Und wie, unter welchen Regeln und wessen Kontrolle? Eine virtuelle Währung verspricht den Zugang und damit auch die Kontrolle zu einer enormen Datenmenge und würde einen Kernbereich staatlicher Souveränität, die Kontrolle des Geldes, privatisieren. Will man das in einer Demokratie?

Die traditionelle Vorstellung, dass Staaten oder Zusammenschlüsse von Staaten wie in Europa über eine Währung verfügen, diese kontrollieren und gesetzlich regulieren, wird angesichts der digitalen Revolution früher oder später der Vergangenheit angehören – genauso wie das Bargeld – und damit zu einem dramatischen Machtverlust der Staaten führen. Geld ist Macht, die so auf die Seite der Techgiganten übergehen würde. Für die auf der verfassungsmäßigen Volkssouveränität beruhenden westlichen Demokratien wäre dies eine gewaltige Erschütterung, aber auch ein totalitäres System wie das chinesische wird diesen Machtverlust kaum akzeptieren dürfen, es sei denn, die Digitalisierung der Währung geschieht unter seiner ausschließlichen Kontrolle und verstärkt diese.

Europa verfügt über keine finanzstarke, schlagkräftige Digitalwirtschaft, weil die Europäer die erste Phase der Digitalisierung, d.h. den Aufbau privater Unternehmen, die sich als Konkurrenten zu den Techgiganten von der amerikanischen Westküste hätten verstehen können, schlicht verschlafen und allein auf die reine marktwirtschaftliche Lehre des »Der Markt wird es schon richten!« vertraut haben. Bei strategischen Fragen der Wirtschaft reicht dieses Marktvertrauen ganz offensichtlich nicht aus, sondern es bedarf einer strategischen Industriepolitik, solange und soweit es um eine strategische Neuausrichtung von Wirtschaft und Technologie geht, am Ende um Machtfragen also. So sind neuerdings, mit dem Aufstieg Chinas und dem Rückzug Amerikas, wieder »strategische Zeiten« angebrochen, auch und gerade für Europa.

In der digitalen Revolution bedarf es vorausschauender staatlicher Industriepolitik und strategischer Ziele sowie der engen Zusammenarbeit von Forschung, Wissenschaft, privaten Unternehmen und Staat. Zudem hatten die Europäer eine starke eigene Digitalwirtschaft als nicht notwendig erachtet, da man in der zurückliegenden Phase der »offenen« Globalisierung die Frage nach der Datensouveränität nicht für relevant erachtet hat. Diese befindet sich so via Apple, Amazon, Facebook und anderen überwiegend unter der Kontrolle der amerikanischen Westküste und wird dort im Eigeninteresse genutzt und verwaltet, so wie der amerikanische Markt für Automobile durch deutsche, japanische und südkoreanische Anbieter ganz wesentlich beliefert wird. Diese Zeiten gehen allerdings unwiderruflich dahin.

Hier drängt sich nun die Frage auf, warum Europa ausgerechnet jetzt etwas anstreben sollte, was es über viele Jahre hinweg nicht hatte. In den langen Jahrzehnten, in denen seine Souveränität eingeschränkt und von der amerikanischen Supermacht und ihren Hyperunternehmen letztendlich verwaltet wurde, ging es ihm doch recht gut. Das aber war vor dem Trump-Schock! Europa ist spätestens seitdem vom Zentrum in eine Randlage gerückt. Damals stand der Alte Kontinent im Mittelpunkt der geopolitischen Interessen der USA – Amerikas Weltmachtrolle entschied sich an seiner Dominanz in Europa gegenüber seiner Hauptrivalin Sowjetunion, in Europa wurde der Kalte Krieg entschieden und nicht in Ostasien –, während sich die USA heute nach dem Pazifik und Ostasien ausrichten. Globales Zentrum und Randlage haben sich in der strategischen Kalkulation der Supermacht in den vergangenen dreißig Jahren grundsätzlich verändert, die Epoche eines globalen Eurozentrismus gehört der Geschichte an, und China, das »Reich der Mitte«, ist erneut zu ebendiesem Zentrum geworden.

Das gesamte BIP der EU belief sich 2018 auf rund 15,9 Billionen Euro. Großbritannien ist mit etwa 2,4 Bio. mit seinem nationalen BIP zu veranschlagen und zukünftig herauszurechnen, verbleiben also 13,5 Bio. Euro BIP für die EU. Nimmt man die Investitionen von China und den USA unter Einschluss der privaten Giganten von der Westküste als Maßstab, so wird die EU, wenn sie die digitale Aufholjagd ernst meint, wohl über eine Dekade hinweg mindestens jährlich 1 bis 2 Prozent ihres BIP im digitalen Bereich investieren müssen, was auf eine jährliche Investitionssumme von 135 Mrd. bis 270 Mrd. Euro über eine Dekade hinweg hinausliefe.

Dies ist eine gewaltige Summe, die den existierenden Haushaltsrahmen der EU sprengen würde. Es wird deshalb eines großen politischen Willens und strategischen Weitblicks der Kommission und der Mitgliedstaaten und neuer Finanzierungsinstrumente bedürfen. Mittels geeigneter Finanzinstrumente, die einen moderaten jährlichen Zinsgewinn garantieren, ließen sich in der anhaltenden Niedrigzinsphase sicherlich auch genügend private Anleger für die Finanzierung eines solchen Projekts der EU gewinnen.

Die Größendimension der Summe weist auch auf die Größe der Aufgabe hin, denn Europa dürfte wohl einige Jahrzehnte hinter Silicon Valley und Shenzhen zurück sein. Es steht daher vor einer Aufholjagd. Gerade China stellt aber auch ein gelungenes Beispiel dafür dar, dass man mit entschlossenem politischen Willen rasch aufholen kann. Andererseits, gelänge es der EU, ein solches strategisches Projekt anzuschieben und zu finanzieren – dessen Dimension durchaus mit dem »Apolloprogramm« der USA vergleichbar wäre, das den ersten Menschen auf den Mond brachte –, so wäre dies auch ein entscheidender Schritt in eine größere und engere Zusammenarbeit innerhalb der EU, die Europa nicht nur als weltpolitischen Akteur zurückkehren ließe. Ebenso wäre es ein großes Förderprogramm für die europäische Wirtschaft und Wissenschaft im 21. Jahrhundert. Kurzum: mehr Europa im besten Sinne des Wortes! Auf der anderen Seite gilt aber auch: Geringere Ambitionen, billigere Lösungen werden Europa in seiner Aufholjagd nicht wirklich weiterhelfen.

Ein weiteres Element kommt hier noch hinzu. Die digitale Zukunft ist alles andere als ein vom Himmel gesandtes Schicksal. Sie wird menschengemacht sein. Also stellt sich für die Europäer die Frage: In welcher digitalen Welt wollen sie leben?

Daher noch einmal: Wollen sie in einem totalitären

Überwachungsstaat à la China mit seinem auf Zwang und Überwachung beruhenden Harmoniemodell leben? Sicherlich nicht. Oder soll es der technokratische Futurismus der großen amerikanischen Techkonzerne sein, der von einer digitalen Verbesserung des Menschen, von sogenannten Cyborgs, träumt, von einer posthumanen Welt des digitalen Dr. Frankenstein und der sehr konkret an der monopolistischen Aufteilung des Weltmarktes arbeitet? Ich meine, ebenfalls nein. Europa hat, so es digital souverän wird, die Chance, sein ganz eigenes Modell zu entwickeln und zu leben, indem es an der Verbesserung einer humanen Welt festhält und an seiner konkurrenzbasierten Marktwirtschaft, zu der ganz entscheidend die Freiheit des Einzelnen, seine digitale Souveränität, gehören muss.

Die Digitalisierung birgt nicht nur eine Gefahr für die Freiheit des Einzelnen, sondern auch für eine konkurrenzbasierte Marktwirtschaft zugunsten eines staatlichen Supermonopols wie in China oder zugunsten privater Monopole wie die Hyperscaler von der amerikanischen Westküste. Größe ist alles, Größe wird fetischisiert und bedarf daher der rechtzeitigen Regulierung, die sich nicht aus dem Markt selbst ergeben wird, sondern politisch gewollt sein muss.

Nehmen wir ein extremes Beispiel: Was würde geschehen, wenn eines Tages Ali Baba und Amazon sich zusammenschlössen? Aus politischen Gründen ist das zwar sehr unwahrscheinlich, aber angesichts der Dynamik der Hyperunternehmen im Techsektor sowohl in China als auch in den USA in einer späteren Phase der Digitalisierung nicht völlig auszuschließen. Warum noch konkurrieren, wenn ein globales Monopol technisch möglich und geschäftlich sehr viel einträglicher wäre? Das hieße dann definitiv das Ende der Marktwirtschaft und auch das Ende der persönlichen Freiheit wie auch das Ende der staatlichen Souveränität, herbeigeführt nicht durch einen autoritären Einparteienstaat, sondern auf privatwirtschaftlicher Grundlage entstanden. Denn ein solches globales Monopol würde seine eigene digitale Souveränität schaffen, man denke sich dazu noch KI und das Quantum Computing hinzu, und ein solch globales Hyperunternehmen würde die Macht der meisten Staaten weit übertreffen!

Wir wissen nicht, was die Zukunft bringen wird, aber wir wissen, dass die digitale Revolution in ihrem weiteren Verlauf die Fundamente der menschlichen Existenz und damit auch unserer Kultur und Demokratie radikal verändern und daher der Regulierung und demokratischen Kontrolle bedürfen wird. Diese heute schon absehbare Entwicklung darf nicht den Zufällen der Technikentwicklung und den Fantasien weniger Einzelner in den Forschungsinstitutionen oder den Chefetagen der Hyperunternehmen oder im Politbüro einer Partei, die allein einen mächtigen Staat regiert, überlassen werden, dazu geht es um zu viel. Denkt man die digitale Revolution zu Ende, dann könnte sie, wie übrigens auch die Klimakrise, das Ende der klassischen Geopolitik einleiten, weil sie das heute immer noch global vorherrschende System der machtpolitischen Staatenkonkurrenz überschreiten würde.

Die Bedeutung von Daten, Software und Hardware wird mit der Komplexität und Verfeinerung der digitalen Technologien, aber auch mit ihrer immer weiteren Verbreitung in Wirtschaft und Gesellschaft zunehmen. Wir stehen erst ganz am Beginn der Digitalisierung und Vernetzung der privaten Haushalte und auch der Einführung intelligenter Versorgungsnetze wie etwa dem Stromnetz. Diese Entwicklung wird durch die Notwendigkeit eines verstärkten Klimaschutzes und damit einhergehend erhöhter Energieeffizienz in Zukunft sogar noch beschleunigt vorangetrieben werden müssen.

Durch neue, mit 5G sehr viel schnellere Datenübertragungsnetze wird die gesamte öffentliche Versorgungs- und Infrastruktur mehr und mehr auf dem Austausch von Daten basieren. Elektrische Netze, Krankenhäuser, das gesamte Gesundheitssystem, unser Finanz- und Bankensystem, zukünftig auch digitale Bezahlsysteme und digitales Geld, kurzum alles, was eine moderne, auf Hochtechnologie basierende Gesellschaft reibungslos am Funktionieren hält, basiert auf Daten. Hinzu kommen das autonome Fahren, der Maschinenbau, die Humanmedizin, die Rüstungsindustrie und das Militär, die öffentliche Verwaltung, das gesamte Finanzwesen und die Fabriken und Dienstleistungen. Und mit der fortschreitenden Digitalisierung wird die digitale Infrastruktur selbst, wie etwa die 5G-Netze, die das gesamte System am Laufen halten, immer wichtiger und auch verletzbarer werden. Damit aber wird dem Schutz der zukünftigen digitalisierten Wirtschaft und Gesellschaft eine überragende

Bedeutung zukommen. Wirtschaft und Gesellschaft werden Mitte des Jahrhunderts aufgrund der digitalen Revolution nicht wiederzuerkennen sein.

Europa verfügt bis dato über keine eigene Cloud, ein strategischer Fehler, den zu korrigieren es noch nicht zu spät ist. Deutschland und Frankreich scheinen diese Herausforderung erkannt zu haben, denn sie haben gerade jetzt gemeinsam eine Initiative zum Aufbau einer europäischen Cloud namens Gaia X begonnen, spät, aber noch nicht zu spät.

Sind China und die USA den Europäern bereits zu weit enteilt, sind deren Cloudanbieter bereits zu groß (sogenannte Hyperscaler), um mit diesen auch unter Kostengesichtspunkten noch konkurrieren zu können? Europa würde sich, wenn es dieser pessimistischen Annahme folgen würde, selbst aus dem Rennen nehmen – mit katastrophalen Folgen. Damit personenbezogene und geheimnisrelevante Daten von Unternehmen und Technologien und den europäischen Staaten und Institutionen physisch in Europa und unter europäischer Souveränität verbleiben, braucht es eine politische Regulierungsentscheidung, die niemanden ausschließt und überhaupt erst auf dem europäischen Markt gleiche Bedingungen erlaubt.

Wichtig für die persönliche Datensouveränität wird dabei auch eine gesetzliche Offenlegungspflicht seitens der großen Internetplattformen gegenüber den einzelnen Nutzern in Europa darüber sein, was an Daten und Profilen von ihnen bereits vorhanden ist, egal wo die Server eines Unternehmens, das auf dem europäischen Markt aktiv ist, sich physisch befinden. Das Recht, um seine Daten zu wissen, gehört essenziell zur digitalen Souveränität und Selbstbestimmung.

Auch der Welthandel und die Globalisierung durchlaufen gegenwärtig eine fundamentale Transformation. Die Epoche der »offenen« Globalisierung geht in unseren Tagen zu Ende. Die erste Phase der Digitalisierung war eingebettet in die Globalisierung der Märkte und der Lieferketten und in die damals geltende liberale Pax Americana, die den Fortbestand globaler Märkte garantierte und machtpolitisch im Interesse aller auch militärisch absicherte.

Es war eine globale Ordnung, unter der es egal zu sein schien, wo ein Produkt oder eine Dienstleistung produziert wurde und wer die Kontrolle darüber hatte. Die USA entwickelten Computerchips, Software und Smartphones, Deutsche und Japaner bauten Autos und Maschinen und China produzierte und exportierte alles Mögliche an preiswerten Konsumgütern. Alle waren Teil eines einzigen globalisierten offenen Weltmarkts, basierend auf internationalen Lieferketten. Dieser offene Weltmarkt schien sich ausschließlich an Kosten und Bedarf zu orientieren, Regeln wurden durch die Welthandelsorganisation (WTO) bestimmt und überwacht. Mit Trump geht diese Welt zu Ende.

Freilich war bei dieser Weltsicht des Westens und vor allem der Europäer viel Naivität und auf Wunschdenken beruhender Selbstbetrug mit im Spiel, denn es war klar, dass sich China nicht auf Dauer mit der Rolle der verlängerten Werkbank einer westlich dominierten Weltwirtschaft und als Hersteller billiger Konsumgüterprodukte zufriedengeben würde. Man wird China, das seine Chance sieht und mit den Mitteln des hybriden Staatskapitalismus diese zu verwirklichen gedenkt, kaum daraus einen Vorwurf machen können. Jedes andere Land in seiner Position würde ähnlich handeln und aufsteigen wollen.

»Made in China 2025« ist der Plan der chinesischen Regierung überschrieben, der China in zehn Industriesektoren zum weltweit führenden Hersteller machen soll, verbunden mit der globalen Technologieführerschaft in diesen Sektoren. Zudem soll mithilfe dieses Plans aus dem Jahre 2015 der Anteil chinesischer Produkte im eigenen Binnenmarkt erhöht und der Übergang von der »Low End«-Ökonomie der globalen Werkbank hin zu einer »High Tech«-Ökonomie, die in der Weltspitze mithalten oder diese gar anführen kann, erreicht werden.

Wie gesagt, alles legitime Ziele, die allerdings eine wenig erbauliche geopolitische Wirkung haben können, denn die destabilisierende Wirkung einer aufsteigenden Weltmacht ist keine moralische, sondern eine machtpolitische Frage, bei der Ängste, Misstrauen, Ambitionen und Prestige, also Emotionen, eine große Rolle spielen, und das macht diese Entwicklung so gefährlich und schwer berechenbar.

China wird, nolens volens, angesichts seines gigantischen Marktes und der sich daraus ergebenden Macht globale Dominanz anstreben und durchsetzen, was direkt in den Konflikt mit den USA führen muss, auch ganz ohne Donald Trump. Denn die USA dachten und denken nicht im Traum daran – und zwar in beiden großen politischen Lagern des Landes –, ihren Status als Nummer eins im globalen System und in der digitalen Technologie freiwillig aufzugeben. Zudem bediente sich China auch illegaler Mittel, wie es, dies sei hier zur chinesischen Entlastung ehrlicherweise angeführt, in der Vergangenheit nahezu alle aufstrebenden Wirtschaftsnationen in einer bestimmten Phase ihres Aufholprozesses getan haben. Aber wie gesagt, bei diesen Fragen zählen nicht Fairness und Ratio, sondern Misstrauen und Prestige, also Emotionen.

Donald Trump hat diese sich bereits unter seinem Vorgänger Barak Obama abzeichnende Konfrontation zwischen den beiden Riesen mit seiner chaotischen Handelspolitik, mittels Strafzöllen bei Handelsungleichgewichten vorangetrieben, indem er die bis dahin global geltende Pax Americana abrupt für beendet erklärte. Er fand in Xi Jinping einen komplementären Partner, der ganz offensichtlich meinte, die Zeit, sich zu verstecken, sei für China vorbei. Es war wahrscheinlich für China eine Dekade zu früh, die Deckung zu verlassen und den offenen Konflikt mit den USA unter Trump anzunehmen. Die Kräfteverhältnisse sprechen noch nicht eindeutig zu seinen Gunsten. Der Konflikt zwischen China und den USA ist aber im Kern nur zu geringen Teilen ein Konflikt um Zölle, Exporte und Handelsbilanzen (wie für den amerikanischen Präsidenten). Für die Machteliten beider Seiten geht es um sehr viel mehr, nämlich um die globale Hegemonie.

Die USA, die auch in der Frage des Zugangs zu ihrer digitalen Technologie und Infrastruktur ein »gütiger Hegemon« gewesen waren, wurden durch zwei Ereignisse Mitte dieses Jahrzehnts rüde aufgeweckt: erstens durch den Versuch des Kreml, die US-Präsidentschaftswahlen 2016 zugunsten von Donald Trump unter Zuhilfenahme der US-dominierten Social Media und des Internets zu beeinflussen. Putin sah darin wohl die Gelegenheit zur Revanche für die Ereignisse auf dem Maidan in Kiew im Winter 2013/14, für die er die USA verantwortlich machte. Dies war eine völlige Fehleinschätzung der Lage sowohl in der Ukraine als auch und vor allem in den USA. Zu versuchen, mittels der Geheimdienste große Politik zu machen, geht in der Regel politisch nach hinten los. Siehe dazu als Beispiel die Guillaume-Affäre und der durch sie veranlasste Rücktritt des damaligen Bundeskanzlers Willy Brandt, ein glänzender Erfolg für den DDR-Auslandsnachrichtendienst einerseits und ein gewaltiges politisches Desaster für die damalige DDR-Führung andererseits, die eigentlich jedes Interesse am Verbleib Brandts im Kanzleramt hatte. Und zweitens durch die Offenlegung des sogenannten »big hack«, d.h. der groß angelegten Spionage Chinas in den Netzwerken des amerikanischen Verteidigungssektors und der wichtigsten amerikanischen Privatunternehmen. Seit Jahren gab es einen von der Öffentlichkeit wenig wahrgenommenen Cyberkrieg zwischen China und den USA, so man den Veröffentlichungen in den US-Medien und der damals feststellbaren Zäsur auf der amerikanischen Seite im Umgang mit China vertrauen darf. Den Chinesen soll es sogar gelungen sein, in die nur äußerst unzureichend geschützten, veralteten Computer der für die Personalverwaltung und die Sicherheitsfreigaben der Bundesebene der USA zuständigen Behörde einzudringen, diese abzuschöpfen und auch winzige Chips in Reiskorngröße in Netzwerkhardware unerkannt einzubauen. Diese wurden dann in den USA etwa vom Verteidigungsministerium, von der CIA und der Kriegsmarine weiter verbaut – so berichteten zumindest US-Medien. Der Schock in Washington soll gewaltig gewesen sein, als man diese Form der Spionage schließlich durch Zufall anlässlich einer Sicherheitsüberprüfung wegen des beabsichtigten Erwerbs eines Streamingunternehmens durch Amazon entdeckte. Aus US-Sicht war dies der digitale GAU und machte in amerikanischen Augen endgültig klar, worum es Peking wirklich ging und geht.

Spionage und Diebstahl von Technologie im großen Stil, so lautet der Vorwurf, den seit der Aufdeckung des »big hack« eine breite Mehrheit der amerikanischen Eliten parteiübergreifend China macht, auch wenn diese Form von Cyberwar von den USA entwickelt und als Erstes auch eingesetzt wurde. Mittels eines geheimen Programms namens »Shotgiant«, das noch auf die Amtszeit von Präsident George W. Bush zurückgeht, soll zu Beginn des zweiten Jahrzehnts dieses Jahrhunderts Huawei mittels dieses Programms durch die NSA angegriffen worden sein. Die Snow-don-Enthüllungen brachten es, wie so vieles andere, an den Tag. China hat sich in der Folge also erstaunlich schnell als hoch lernfähig erwiesen. Die USA hielten sich anschließend an die alte Weisheit »quod licet Jovi non licet bovi«! Der gütige Hegemon ist seitdem alles andere als gütig, sondern kampfbereit und zornig, und zwar bis weit hinein in das liberale Lager der USA. Amerika (Jupiter) lässt sich eben nicht gerne von einem Ochsen (China) vorführen.

Solange China T-Shirts und Sportschuhe exportiert habe, konnte man illegale Praktiken tolerieren und bei Regelverletzungen gar ein Auge zudrücken, aber bei einem Hightechrivalen und ernst zu nehmenden geopolitischen Herausforderer, bei dem es unter anderem um die Gefährdung der eigenen Infrastruktur wie beim Aufbau der 5G-Technologie für neueste Netze und damit um die nationale Sicherheit gehe – so der liberale New-York-Times-Leitartikler Thomas Friedman –, sähe die Sache ganz anders aus. Friedman war der journalistische Hohepriester der Globalisierung, er hatte den Bestseller »The world is flat« geschrieben und wandelte plötzlich im Konflikt mit China auf den Spuren von Donald Trump. Dies zeigt sehr plastisch das ganze Ausmaß der Empörung in den USA.

Es bildet sich gegenwärtig, eingebettet in das Entstehen einer neuen Weltordnung, auch eine neue Weltwirtschaftsordnung heraus, der ein grundsätzlicher Paradigmenwechsel zugrunde liegt: die zunehmende Vermachtung der Weltwirtschaft, weg von den freihändlerischen Grundsätzen der ersten, der »offenen« Globalisierung hin zu einer Dominanz von Macht- und Geopolitik. Der Freihandel wird zunehmend durch Souveränitäts- und Machtfragen verdrängt und bedrängt werden.

Konnte man bis zur Wahl Trumps noch von der Möglichkeit eines Ausgleichs der Interessen zwischen China und den USA und von einem globalen Duopol namens »Chimerica« als realistischer Option ausgehen, so tritt heute mehr und mehr eine beinharte Konfrontation zwischen den beiden globalen Riesen in den Vordergrund, denn China hat vor allem im Hochtechnologiebereich aufgeholt und droht die USA sogar zu überholen.

Dadurch werden alle anderen Mächte über kurz oder lang gezwungen werden, sich zu positionieren. An die Stelle von Handel und offener Globalisierung werden Macht, hegemonialer Machtkampf und Loyalitätsbekundungen für die eine oder andere Seite treten und an die Stelle eines einzigen globalen Marktes die Bildung zweier Lager, die sich voller Misstrauen gegenüberstehen werden. Damit aber wird nicht der grundsätzliche Abschied von der Globalisierung eingeleitet, vielmehr ein neues Kapitel der Globalisierung eröffnet, eine »gespaltene« Globalisierung im Rahmen eines zweigeteilten Weltmarktes in einer zweigeteilten Welt.

Ob und wie eine zweigeteilte Globalisierung eines zunehmend vermachteten Weltmarkts aussehen und funktionieren wird, wird uns die Zukunft lehren. Auf jeden Fall wird ein zweigeteilter vermachteter Welt-markt sehr viel mehr unter politischem Druck stehen und sehr viel mehr konfrontative Risiken mit sich bringen, d.h. dauerhaft zu einem instabileren geopolitischen Umfeld beitragen, als dies heute der Fall ist. Eine der großen Leistungen der liberalen Weltordnung war es bis vor Kurzem, dass sie allfällige Rivalitäten und Handelskonflikte entpolitisiert, d.h. auf den Bereich der Wirtschaft und des Handels beschränkt hat. Diese Zeit geht jetzt zu Ende.

Für den großen Gewinner der offenen Globalisierung, den langjährigen Exportweltmeister Deutschland, wird diese Entwicklung einen ganz besonders schmerzhaften Anpassungsprozess mit sich bringen, d.h., der europäische Binnenmarkt wird wieder eine größere Bedeutung bekommen. Umso kurzsichtiger wird sich dann Deutschlands Politik der schwarzen Null in Verbindung mit der durch sie verursachten Wachstumsschwäche im EU-Binnenmarkt erweisen.

Eine liberale Weltwirtschaftsordnung, wie sie nach dem Zweiten Weltkrieg von den USA aufgrund ihres De-facto-Machtmonopols geschaffen und nach 1990 auf die ganze Welt ausgedehnt wurde und von der Europa, aber auch Ostasien mit Japan, Südkorea, Taiwan, Singapur, Hongkong und schließlich China selbst massiv profitierten, währte offensichtlich nur eine kurze Zeit und war auf das Engste mit den liberalen Werten der Pax Americana verknüpft. Mit ihr wird auch diese liberale Weltwirtschafts- und Welthandelsordnung dahingehen, leider, da diejenigen, die sie erhalten wollen, nicht stark genug sind, dem Zweikampf der beiden Riesen Einhalt zu gebieten und einer Vermachtung und dem Auseinanderfallen der Weltwirtschaft in zwei konkurrierende Lager eine Alternative entgegenzusetzen. Ein souveränes Europa würde auch deswegen jetzt dringend gebraucht.

Dieser historische Paradigmenwechsel wird auch einen neuen Protektionismus entlang der Lagergrenzen nach sich ziehen. Wie sich der Handel und Wandel zwischen den Lagern zukünftig gestalten wird, wie friedlich oder wie konfliktbeladen, ist schwer vorherzusagen. Eines aber lässt sich schon heute prognostizieren: Es wird durch diese Entwicklung viele Verlierer und nur sehr wenige Gewinner geben, wenn überhaupt.

Wie in der Sicherheitspolitik verharrte Europa, vorneweg Deutschland, viel zu lange in der gewohnten wärmenden Illusion des einen »offenen« Weltmarktes mit seinen Exportchancen, globalisierten Wertschöpfungsketten und seines scheinbar nach wie vor grenzenlosen Wettbewerbs. Auf dem Alten Kontinent will man nicht wirklich wahrhaben, dass dieses gewohnte und für Europa sehr gut funktionierende und wirtschaftlich ertragreiche Modell dabei ist, verabschiedet zu werden. Angesichts der europäischen Lethargie muss man sich fragen, ob Europa diese weltwirtschaftlichen Richtungsentscheidungen mit ihren sehr weitreichenden Folgen überhaupt wahrgenommen hat oder wahrhaben will und wie es darauf zu reagieren gedenkt. Nur rhetorisch und mit kleiner Münze? Oder durch mutige Schritte?

Man kann sich bei genauerer Betrachtung der politischen, wirtschaftlichen und technologischen Entwicklungen in der Gegenwart des Eindrucks nicht erwehren, dass sich die Europäer mit dem Abschied von den Realitäten des späten 20. Jahrhunderts sehr schwer tun, schwerer als andere. Und dafür gibt es Gründe: Frieden und Wohlstand wurden durch eigenen Fleiß und den von der Supermacht USA garantierten freien Welthandel gesichert, ebenso der Weltfrieden. Europa und ganz besonders das wiedervereinigte Deutschland lebten nach dem Ende der Blockkonfrontation in Abhängigkeit in einem quasi goldenen Käfig, auf den andere aufpassten. Oder, wie es ein israelischer Freund und intimer Kenner unseres Landes auszudrücken pflegte: »Deutschland erinnert mich an eine Insel des Friedens in einem tosenden Ozean namens Realität.« Jetzt, durch Trump, musste man den goldenen Käfig verlassen und ist den eisigen Winden der neuen Weltordnung ausgesetzt, ohne fremde Hilfe, ganz auf sich allein gestellt.

Je schneller und entschlossener sich die Europäer auf diese neue Realität einstellen werden, desto einfacher wird es für sie. Und je länger sie ihrer Vergangenheit in gemütlicher Abhängigkeit hinterhertrauern, desto risikoreicher und schwieriger wird ihre Zukunft sich gestalten. Nicht der trauernde Blick zurück in die alte untergehende Welt des 20. Jahrhunderts wird Europa helfen, sondern nur, mutig und entschlossen seine Zukunft im 21. Jahrhundert gemeinsam anzupacken. Das wird kein großer Bruder mehr für die Europäer tun.

China hat, wie bereits gesagt, aus dem aktuellen Handels- und Technologiekrieg mit den USA seine Lektion gelernt: Es wird sich im Hightechbereich völlig aus der Verflechtung mit den USA lösen und, egal ob Software oder Hardware, zukünftig alles und egal zu welchen Kosten selbst herstellen. Diese Konsequenz wird die globale Entwicklung hin zu einem zweigeteilten Weltmarkt massiv beschleunigen und viele europäische Unternehmen vor erhebliche Probleme stellen, da dadurch früher oder später die etablierten Liefer- und Wertschöpfungsketten infrage gestellt werden. Diese Abkehr von einem offenen Weltmarkt hin zu einem zweigeteilten wird zwar sehr viel teurer, als es das alte System gewesen ist, aber für die chinesische Führung hat die eigene Souveränität absoluten Vorrang vor Kostenerwägungen.

Selbst wenn Europa sich dieser Transformation des Welthandels- und Weltwirtschaftssystems widersetzen wollte, weil es nicht seinen Interessen entspricht, es hätte nicht die Macht und die Kraft, dieser Entwicklung, angetrieben von dem Machtkampf der zwei Riesen auf beiden Seiten des Pazifiks, zu widerstehen. Europa kann eigentlich nur Rückzugsgefechte führen, die es allerdings wert sind, geführt zu werden, d.h. die alte Welthandelsordnung zu verteidigen, wo immer es ihm möglich ist. Ansonsten wird es sich dem Trend anpassen müssen.

Je stärker Europa in der heraufziehenden geteilten und vermachteten Weltwirtschaftsordnung sein wird, desto mehr wird es seine geopolitische und geowirtschaftliche Rolle als dritter Faktor des Ausgleichs, der Moderation und der Brücke zwischen den beiden Großen spielen können und müssen. Diese Rolle liegt auch in seinem eigenen Interesse und im Interesse globaler Stabilität, dem sich zudem viele andere kleinere und größere Mächte anschließen werden, die ebenfalls an einem »dritten Lager« als Kraft des Ausgleichs und der Moderation interessiert sein werden.

Freilich wird auch eine unabhängige Rolle Fähigkeiten voraussetzen, die erst noch geschaffen werden müssen. Dazu ein aktuelles Beispiel: Huawei und der Ausbau des 5G-Netzes. Die US-Regierung warnt die Europäer vor einer Verwendung der Huawei-Technologie aus Gründen der Cybersicherheit, ohne allerdings sehr konkret zu werden. Hinter dieser amerikanischen Warnung steckt wohl nicht ein konkreter Beweis oder auch nur Hinweis, sondern mit hoher Wahrscheinlichkeit vor allem eines: tiefstes, begründetes Misstrauen. Es ist wohl die Erfahrung mit dem »big hack«, hochgerechnet auf eine zukünftige Schadensprognose, wenn eine entsprechend manipulierte Hardware und Software erst einmal in den Tiefen des 5G-Netzes verbaut sein sollte, die Washington antreibt.

Nun verfügt Europa mit Nokia und Ericsson über zwei eigene Netzausrüster, die selbstverständlich aus Gründen der strategischen Netzsicherheit den Vorzug jenseits von Kostenerwägungen erhalten sollten. Allerdings: ohne Huawei völlig auszuschließen. Es stellt sich nämlich für Europa die Frage, ob es klug und im europäischen Interesse wäre, chinesische Unternehmen wie Huawei und ZTE entsprechend dem Wunsch der USA völlig von dem Bau des 5G-Netzes in den EU-Mitgliedstaaten auszuschließen, solange deren Beteiligung unter Gesichtspunkten der Sicherheit und Datensouveränität kontrolliert und verantwortet werden kann. Europa sollte nicht vergessen, dass es sich einen gewissen Abstand zu *beiden* Großen in diesem Konflikt und eine vermittelnde Position im eigenen Interesse bewahren sollte.

Will Europa also die Tür im Handel mit China auch und gerade im Hightechbereich offenhalten und eine vermittelnde Position nicht aufgeben, ganz abgesehen von seinen eigenen Handelsinteressen mit dem Reich der Mitte, so sollte es technisch und personell an der Spitze der Hardware-, Daten- und Netzsicherheit stehen. Das ist heute aber mitnichten der Fall und muss erst noch geschaffen werden.

Europa, vorneweg Deutschland, befindet sich schon jetzt zunehmend in der misslichen Lage, dass es von den beiden Märkten der USA und Chinas, dank seiner Exporte, stark abhängig ist. Sollte es sich zwischen China und den USA entscheiden müssen – und im Falle 5G und Huawei sieht es ganz danach aus –, dann kann Europa eigentlich nur verlieren. Und auch hier wird es bereits in der Gegenwart mit der Souveränitätsfrage als dem Dreh- und Angelpunkt der neuen Weltwirtschaftsordnung konfrontiert. Wessen Interessen werden zählen, diejenigen der USA oder Chinas? Oder wird Europa stark genug sein, seine eigenen Interessen durchsetzen zu können? Und will es überhaupt so stark, so souverän werden?

Erneut werden sich bei der Beantwortung dieser Fragen die Blicke in Europa zuerst auf die beiden Großen in der EU richten, auf Deutschland und Frankreich, vor allem aber auf Deutschland. Der ökonomische Riese in der EU wird bei der Beantwortung dieser Frage keine historischen Vorbelastungen oder Traumen für seine Passivität reklamieren können, sondern es wird ausschließlich um seinen politischen Willen und seine strategische Weitsicht gehen, anders als im militärischen Bereich.

Wird Deutschland, das ja extrem abhängig ist von seinen Exporten in alle Welt, seine Kraft und Macht entschlossen dafür einsetzen, ein digital souveränes Europa gemeinsam mit den anderen Mitgliedstaaten und der EU-Kommission zu schaffen? Es geht hier um eine beispiellose industriepolitische Kraftanstrengung, die sich nicht auf die lange Bank schieben lässt, weil die globale Digitalisierung sich in rasantem Tempo fortentwickelt. Auch für den Bereich der digitalen Souveränität und Cybersicherheit machen nationale Alleingänge nur noch wenig Sinn, weil auch für diese Herausforderung der klassische europäische Nationalstaat zu klein und zu schwach ist – die Souveränitätsdefinition des europäischen 19. Jahrhunderts gilt nicht mehr im chinesischen 21. Jahrhundert und unter den Bedingungen der digitalen Revolution.

Die EU muss diese gewaltige Herausforderung gemeinsam anpacken. Die Vielfalt der EU kann sich in der digitalen Revolution durchaus als Schatz erweisen, wenn die Europäer sich endlich daranmachen, ihn zu heben und diesen nicht im Wesentlichen den großen Techkonzernen von der amerikanischen Westküste zu überlassen. Diese investieren nämlich überall in Europa, an den wichtigsten Wissenschafts- und Forschungsstandorten innerhalb und auch außerhalb der EU, wie etwa in der Schweiz, aber auch auf dem Balkan und in Osteuropa. Gerade dort setzen sie primär auf die Nutzung der menschlichen Talente und Ressourcen junger Europäer. Die europäischen Staaten bezahlen eine hervorragende Ausbildung, und andere profitieren davon – so kann kein europäisches Erfolgsprinzip aussehen.

Der Aufbruch Europas in seine digitale Souveränität muss von Brüssel, von der EU-Kommission, geplant und gesteuert werden. In den Jahren seit der Finanzkrise 2008/09, während der langen Jahre der Eurokrise, wurde die Rolle der Kommission immer weiter eingeschränkt, weil die budgetäre Hoheit bei den nationalen Parlamenten und Regierungen lag. Diese Phase geht jetzt zu Ende. Die Rückkehr strategischer Zeiten bedarf mehr der zentralen Steuerung durch die Kommission mit ihrer Planungskompetenz und ihrer Erfahrung aus der europäischen Wissenschafts- und Forschungsförderung. Sie könnte – mit wichtigen Unterschieden und Einschränkungen auf der Grundlage des ganz eigenen Systems der Europäischen Union – das europäische Pendant zur chinesischen NDRC, zum japanischen MITI oder zur industriepolitischen Seite des amerikanischen Pentagon werden.

Dass in dieser Zeit, in der Europa eine strategische Neuausrichtung aufgezwungen wird, eine neue Europäische Kommission ihre Arbeit begonnen hat, könnte sich als ein Glücksfall für die EU erweisen, so diese Kommission und ihre Präsidentin diese historische wie industriepolitische Herausforderung erkennen und deren Beantwortung zu ihrem Ziel machen. Auch technologiepolitisch und digital steht Europa vor einer gaullistischen Wende.

Gleichwohl bleibt die zentrale strategische Frage der neuen Weltordnung im 21. Jahrhundert offen und unbeantwortet: Wird ein zweigeteilter Weltmarkt von Dauer sein oder ist diese Zweiteilung nur ein Übergangsphänomen in dem Prozess der Loslösung von der Pax Americana und ihrer Weltwirtschaftsordnung, die beide aus dem 20. Jahrhundert stammen?

Sollte hinter der gegenwärtigen amerikanischen Konfrontationsstrategie gegenüber China gar die Überzeugung stehen, den weiteren Aufstieg Chinas zu verhindern oder wirksam zu bremsen, so kann eine solche Absicht nur in die Irre führen, denn Chinas Aufstieg hin zur Nummer eins der neuen Weltwirtschaftsordnung ist nicht mehr von außen, sondern nur noch durch schwere Fehler der chinesischen Führung selbst zu verhindern. Und auch der Versuch, seinen Aufstieg auch nur zu bremsen, würde für die gesamte Weltwirtschaft, angesichts der Bedeutung und Größe der chinesischen Wirtschaft, zu großem Schaden führen. Auch technologisch ist Chinas Aufstieg nicht mehr umkehrbar. Und selbst wenn dies noch möglich wäre, so würde ein als Weltmacht scheiterndes China zu schweren geopolitischen und wirtschaftlichen Verwerfungen führen.

Es bedürfte gar nicht der chinesischen Industriespionage im großen Stil, allein die Hunderttausende von chinesischen Studenten an amerikanischen und europäischen Universitäten garantieren einen völlig legalen Know-how-Transfer. Chinas riesiger Binnenmarkt und der Fleiß und die Erfindungsgabe seiner Menschen werden es deshalb in absehbarer Zeit an die Spitze der globalen Volkswirtschaft führen. Je bescheidener dies geschieht, desto erfolgreicher wird das Land dabei sein. Und je triumphalistisch-nationalistischer und aggressiver es daherkommen wird, desto schwieriger wird sich dieser Aufstieg vollziehen. Die USA werden ihn aber nicht verhindern können, selbst wenn sie es wollten.

Wie also umgehen mit China in der neuen Weltordnung? Die Klugheit gebietet es anzuerkennen, dass das Land seinen Platz an der Spitze einnehmen wird. Aber es wäre mehr als töricht im Westen, diese Einsicht mit der eigenen Unterwerfung und Kapitulation zu verwechseln.

China wird niemals ein »wohlwollender« Hegemon sein, das lassen schon seine innere Verfasstheit als autoritäre Einparteiendiktatur und die noch sehr viel längere und ältere autoritäre Tradition unter seinen Kaisern nicht zu. Und deswegen ist es für Europa zwingend zu begreifen, dass in der neuen Weltordnung die eigene Stärke, die eigene Souveränität mehr als in den vergangenen Zeiten zählen werden. Europa kann es sich nicht leisten, so zu tun, als wenn die Alte Welt noch fortbestünde, nur weil man sich die neue Realität nicht zutraut und lieb gewonnene Einstellungen nicht aufgeben will.

Und auch die Vermachtung der Weltwirtschaft in einem multipolaren System wird nicht einfach wieder zugunsten liberaler Grundsätze und einer »offenen« Globalisierung verschwinden, sondern dauerhaft eine gewichtigere Rolle als im alten System spielen. Die liberale Pax Americana war globalgeschichtlich ein Ausnahmefall und für die Europäer ein historischer Glücksfall, aber mit hoher Wahrscheinlichkeit ein einmaliger. Die neue Normalität wird anders, sehr viel politisierter, vermachteter aussehen. Zumal sich zwischen dem autoritären chinesischen Gesellschaftsmodell und dem freiheitsbasierten demokratischen westlichen Modell ein Systemwiderspruch auftut, der sich in Zukunft durch die digitale Revolution sogar noch verstärken wird.

Die Scheinalternative Eurasien

Die EU umfasst nicht den ganzen europäischen Kontinent, sondern sie teilt ihn mit einigen anderen Staaten, die nicht oder noch nicht Mitglieder der Gemeinschaft sind oder die, wie Großbritannien, zurzeit dabei sind, aus der Gemeinschaft auszutreten. Wenn das Vereinigte Königreich nicht mehr Mitglied der EU sein wird, dann werden drei ehemalige europäische Großmächte, ja Weltmächte, am nordwestlichen, südöstlichen und östlichen Rand Europas gelegen, Nachbarn der Europäischen Union sein: Großbritannien, die Türkei und Russland. Alle drei wollen oder haben keine Mitgliedsperspektive. Die Gestaltung der Nachbarschaft mit diesen drei höchst unterschiedlichen Nachbarn wird die Europäische Union vor eine völlig neue außen- und nachbarschaftspolitische Herausforderung stellen, denn die EU teilt den europäischen Kontinent mit ihnen. Am engsten wird das Verhältnis mit dem Vereinigten Königreich nach den Scheidungswirren bleiben. Am schwierigsten werden die Beziehungen mit Russland – wegen seiner geografischen Größe und des spezifischen politischen und wirtschaftlichen Gewichts des Landes und seines Selbstverständnisses als Alternative zum Westen und zu seinen Grundwerten.

Hinzu kommt, dass die politische Elite des Landes immer noch unter dem Prestigeverlust und dem Abstieg des Landes von einer früheren Supermacht als Sowjetunion hin zu einer nur noch nuklearen Weltmacht leidet. Daraus resultieren ihre restaurativen Ambitionen, die sie ganz aktuell in Osteuropa in einen Hegemonialkonflikt mit der EU und dem Westen geführt hat.

Zugleich aber ist das russische Selbstverständnis auf christlich-europäischen Wurzeln gegründet. Russlands Verhältnis zu Europa ist also durchaus widersprüchlich: einerseits Teil der europäischen Tradition und Geschichte zu sein, andererseits aber dessen Revolutionen in der Moderne nicht nachvollzogen zu haben, ja deren langfristige Folgen aggressiv als »dekadent« abzulehnen. Die russische Kultur und ihr Selbstverständnis bestehen auf ihrem Anderssein gegenüber Europa und folgen nach wie vor einem ausgreifenden imperialen Impuls gegenüber ihren Nachbarn und darüber hinaus. Zudem ist Russland eben nur noch als Nuklearmacht eine Weltmacht, auf schwacher wirtschaftlicher und technologischer Grundlage.

Zwar verfügt die EU nach wie vor über eine große Anziehungskraft für viele Nichtmitglieder aufgrund des materiellen Wohlstands, der wirtschaftlichen Möglichkeiten wie auch der demokratischen Stabilität, welche die Mitgliedschaft in der Union verheißt, aber für die Ohren der russischen Machtelite klingt gerade dieser letzte Punkt eher wie eine Drohung. Den europäischen Kontinent wird die EU, ungeachtet aller Spannungen und Konflikte mit ihrem riesigen Nachbarn im Osten, dessen Territorium zum größten Teil in Asien liegt, dessen Bevölkerung aber zu drei Viertel im europäischen Teil des Landes lebt, dauerhaft zu teilen haben.

Russland, das unendlich weite und scheinbar so modernisierungsresistente Russland, das sich unter Stalins Massenterror dann doch industrialisierte, das danach innerhalb ein und derselben Generation den zweiten Terror der deutschen Nazis und der Millionen von Toten des 2. Weltkriegs erlebte und durchleiden musste, dieses Russland, das die Deutschen unter furchtbaren Opfern schließlich doch besiegte und dabei bis ins Herz Europas, nach Berlin, vorstieß und so zur Weltmacht wurde, um schließlich, fünfzig Jahre später, erneut an sich selbst zu scheitern, dieses Russland hatte die Europäer schon immer fasziniert.

Rohe Kraft und tiefe Seele, der Dualismus von Staat und Volk, von Herrscher und Beherrschten, eine mythologische Verbundenheit mit der Heimat und damit einhergehend eine hartnäckige Resistenz gegen jeden Modernisierungsversuch der Gesellschaft, nicht aber der Industrialisierung – denn diese bedeutete Macht und war folglich Sache des Staates und des Herrschers.

Kurzum, Russland bewahrte in der Moderne alles, was die Europäer durch ihre Modernisierung verloren oder vielleicht auch niemals besessen hatten. Den Platz der Aufklärung und der Vernunft in der westlichen Tradition nahm im russischen Denken und seiner Kultur jene schwer zu fassende »russische Seele« ein, die Aufklärer in und außerhalb Russlands schlicht mit

»irrationaler Romantik« und »Rückständigkeit« zu übersetzen pflegten. Sie hatten nicht unrecht, und doch trafen sie die Sache nicht wirklich. Da blieb immer ein nicht erklärbarer Rest, diese unglaublich zähe Resistenz gegen die Moderne, obwohl der erste Mensch im All ein Russe war und sich die Sowjetunion auch als ein aufklärerisches Projekt der Moderne verstand und dies wohl *auch* war.

Aber darunter existierte das alte Russland fort. Sieben Jahrzehnte lang hatten die Bolschewisten die orthodoxe Kirche unterdrückt, Kirchen als Ställe und Klöster als Straflager genutzt oder gar gänzlich zerstört. Doch kaum war es mit der Sowjetunion zu Ende, da war die orthodoxe Kirche wieder da mit ihren Kathedralen und Klöstern und Ritualen, als wäre sie niemals weg gewesen. Seit dem ersten großen Modernisierer in der russischen Geschichte, seit Peter dem Großen, durchzieht dieser Dualismus zwischen einer von Europa importierten Moderne und dem alten, dem »ewigen« Russland die Geschichte des Landes bis auf den heutigen Tag. Der »Putinismus« ist nichts anderes als die aktuelle Verbindung dieser beiden Russländer, des modernen und des »ewigen« Russlands.

Russland und Europa sind in unauflöslicher kontinentaler Nachbarschaft miteinander verbunden, geografisch sehr nah und mentalitätsmäßig doch weit voneinander entfernt. Diese Nachbarschaft muss immer wieder neu organisiert werden, diplomatisch, wirtschaftlich und auch sicherheitspolitisch, denn beide Seiten sind zu unterschiedlich, folgen zu verschiedenen

Wertesystemen. Aber diese Verschiedenheit darf im Interesse beider Seiten nicht in einen Hegemonialkonflikt im Osten Europas ausarten, bei dem beide Seiten nur verlieren können. Der gegenwärtige militärische Konflikt im Osten der Ukraine zeigt das.

Wegen dieser »unauflöslichen« Nachbarschaft zu Russland wird in Europa auch die alte politisch-historische Kontroverse, ob Europa einer West- oder Ostperspektive folgen solle, nicht so schnell enden. In dieser Debatte, die auf das europäische Gleichgewichtssystem des frühen 19. Jahrhunderts nach den napoleonischen Kriegen zurückgeht und die manchmal fast den Charakter einer Glaubensfrage angenommen hat, geht es nicht nur um Interessen und Ratio, sondern auch um viel Emotion und Irrationales. Die neue Rechte und die alte Linke bilden hier eine Partei, wenn auch aus unterschiedlichen Gründen – die neue Rechte wegen der reaktionären Rolle, die Russland damals wie heute spielte und spielt, die alte Linke wegen ihrer ideologisch romantischen Bindung an die Sowjetunion. Letztendlich vertritt dieses unmögliche Paar in der Frage des Verhältnisses zu Russland sehr ähnliche Positionen. Dahinter stehen in beiden Fällen ein mehr oder weniger offen eingestandener Nationalismus und ein tief sitzender antiwestlicher (früher antibritischer, heute antiamerikanischer) Affekt.

Das zaristische Russland wurde in der nachnapoleonischen Zeit zum Garanten antirevolutionärer, ja reaktionärer Verhältnisse in Europa und wichtigste Macht in der »Heiligen Allianz«, bestehend aus Russland, Österreich und Preußen. Das Frankreich unter der restaurierten Bourbonenmonarchie trat später bei. Ein gewisser Karl Marx hat im Vormärz und danach in der zweiten Hälfte des 19. Jahrhunderts das zaristische Russland als den Hort aller konterrevolutionären Umtriebe in Europa und als das Zentrum der Reaktion gehasst und verachtet. Die Heilige Allianz ist nun keineswegs nur eine historische Reminiszenz, denn wenn man die Unterstützung Moskaus unter Putin für rechte und rechtsextreme nationalistische Parteien und Bewegungen in Europa und die aggressiven rhetorischen Ausbrüche und auch repressiven Taten gegen sexuelle Minderheiten und demokratische Basisbewegungen, ganz generell gegen die Werte der westlichen Moderne sieht, so erinnert daran vieles an die reaktionäre Rolle des zaristischen Russlands im 19. Jahrhundert.

Wiederholungen der Geschichte scheinen durchaus auch zur Ironie fähig zu sein, nicht nur zur Tragödie. Von der Heiligen Allianz zu Wladimir Putin und zurück! Es zeigt aber zugleich, wie tief Russland in seiner Vergangenheit feststeckt und durch diese blockiert wird, ja ihr ganz offensichtlich nicht entkommen kann. Die eigene Vergangenheit prägt alle Staaten, Russland ist dabei kein Sonderfall. Zu einem Staat gehört seine Geschichte. Die Sowjetunion ist letztendlich an ihrem Immobilismus gescheitert. Sie erwies sich als völlig reformunfähig. Gleichwohl verfügte sie aber, anders als Putins Russland, mit dem kontrafaktischen Glauben an den lichten Morgen des Sozialismus über ein in die

Zukunft gerichtetes politisches Heilsversprechen. Zugleich war dieses sozialistische Heilsversprechen, so absurd es im Lauf der Jahrzehnte von Sowjetterror und sowjetischer Misswirtschaft auch immer geworden war, der erste Glaubensartikel der offiziellen Sowjetideologie. Er versprach, wenn auch völlig illusionär, eine goldene Zukunft.

Putins Russland hingegen verspricht lediglich das Festhalten an der Vergangenheit, die Rückkehr von Russlands Größe als Weltmacht, zu seiner Rolle als reaktionärer europäischer Großmacht, wie unter den Zaren im 19. Jahrhundert. Auch die russische Landnahme auf der Krim und im Osten der Ukraine entspricht diesem Vorbild. Wer sähe da nicht den Fürsten Potemkin vor sich, der unter der Herrschaft der großen Katharina den Süden Russlands, die Ukraine und die Krim für die Zarin vor den Osmanen gesichert hatte?

Die Modernisierungsfrage zeigt auch die wesentliche Differenz zwischen dem russischen und dem chinesischen Modell: So wenig man von dem autoritären System Chinas auch immer halten mag, es besitzt offensichtlich eine Kraft zur Modernisierung, die nicht nur militärische Macht und Weltmachtprestige liefert. Innerhalb einer Generation aus einem durch Krieg, Bürgerkrieg und innere Unruhen zerrütteten rückständigen Land den Anwärter für die globale Nummer eins zu machen und dabei 700 Millionen Menschen aus absoluter Armut zu holen und in eine aufstrebende Mittelklasse zu überführen, das ist eine unglaubliche Leistung, die man anerkennen muss.

Russland hingegen ist unter Putin erneut eine Kraft der Beharrung, der Modernisierungsverweigerung geworden und knüpft dabei an eine lange Tradition der Modernisierungsverweigerung unter der Herrschaft der Zaren an – mit Ausnahme einiger »selektiver Modernisierungen«, überwiegend in seinen Metropolen, die zudem im Wesentlichen importiert wurden und werden. Bis auf den heutigen Tag hat sich da wenig geändert.

In der Vergangenheit bezog sich die europäische Debatte um die West- oder Ostorientierung auf die Alternative zwischen dem Westen und Russland. Auch das wird sich ändern, denn im 21. Jahrhundert wird Russland selbst unter der Überschrift »Eurasien« weiter nach Osten und damit näher an China heranrücken, auch an dessen Wertesystem, und dadurch weiter weg vom Westen. Russland wird jedoch nicht das chinesische Modernisierungsmodell übernehmen, weil es nicht zu seiner Tradition passt, sondern an seinem oligarchischen System festhalten und sich selbst als »europäisch« definieren, als ein wenn auch anderes, nicht dekadentes, nach wie vor »christliches« Europa. Die russische Ostverschiebung ist keineswegs an erster Stelle den westlichen Wirtschaftssanktionen nach der russischen Okkupation der Krim zu verdanken, sondern dem Aufstieg Chinas und damit einhergehend der Entwicklung des riesigen chinesischen Binnenmarkts als Kunde für russische Energie- und Rohstofflieferungen.

Das autoritär oligarchische System in Russland und die Interessen der russischen Machteliten tun ihr Übriges, die Nähe zu dem autoritär regierten chinesischen Modell zu suchen. Das verspricht nicht nur einen großen Absatzmarkt für den Export russischer fossiler Energie und anderer Rohstoffe, es kann auch all das, was Russland braucht, aber nicht selbst herzustellen in der Lage ist, liefern.

Allerdings wird diese Nähe der beiden autoritären Systeme für Russland seinen Preis haben. Es wird seinen Weltmachtstatus, jenseits seiner Nuklearwaffen, zunehmend an die aufstrebende Weltmacht China verlieren, beginnend mit seiner traditionellen hegemonialen Rolle in Zentralasien, die zukünftig im Gefolge der neuen Seidenstraße von China übernommen werden wird. Durch diese bereits begonnenen oder absehbaren Entwicklungen wird Russland von der neuen Supermacht China mehr und mehr abhängig werden. Mit deren weiterem Aufstieg und dem Ausgreifen Chinas entlang der neuen Seidenstraße Richtung Europa, das überwiegend die traditionelle russische Einflusszone betrifft, wird sich die bisher auf Russland zentrierte Debatte in Europa ändern. Eine verstärkte Ostorientierung wird sich nach und nach auf die neue Weltmacht China mit ihrem riesigen Binnenmarkt beziehen. Vor allem die europäische Wirtschaft wird diese Perspektive einnehmen. Beide Positionen – die alte Ostverschiebung Europas Richtung Russland wie auch die neue weiter in Richtung China unter der Überschrift Eurasien – werden allerdings für Europa Fiktion bleiben, weil beide Systeme nicht zu einem auf Freiheit und Demokratie gründenden Europa passen.

Russland wurde im Laufe seiner Geschichte noch nie von Westen her erobert. Angegriffen ja, aber erobert wurde es nur aus dem Osten, von Asien her unter Dschingis Khan und seinen Nachfolgern mit ihren mongolischen Heeren. Die Erinnerung daran wird in Russland das »mongolische Joch« genannt. Es wird im 21. Jahrhundert keine Invasion von Massenheeren mehr geben, schon gar nicht gegenüber der Atommacht Russland. In diesem Jahrhundert heißt das Äquivalent dazu »Abhängigkeit«. Europa sollte sich auch deswegen nicht unter einen selbst gemachten Zeitdruck setzen. Russlands Orientierung ist noch nicht entschieden. Dass es mit einer Ostverschiebung Richtung China glücklich werden wird, ist alles andere als ausgemacht, zumal es die Frage nach seiner Identität nicht beantworten wird. Es könnte sich sehr gut das Gegenteil herausstellen.

Russland ist, betrachtet man nur seine Fläche, das größte Land der Erde, ein Riesenkoloss. In Atomsprengköpfen gezählt ist es nach wie vor eine atomare Weltmacht. Aber demografisch, wirtschaftlich und technologisch – exakt darauf wird es im 21. Jahrhundert für den Erhalt des Weltmachtstatus aber ankommen – befindet sich das Land weiterhin in einem dramatischen Niedergang. Nach wie vor lebt es im Wesentlichen davon, fossile Energieträger in Form von Erdöl und Erdgas und andere Rohstoffe zu exportieren, aber trotz seiner gewaltigen Größe dürfte das im 21. Jahrhundert – dem Jahrhundert, in dem die Welt gezwungen sein wird, sich von fossilen Energieträgern aus Klimaschutzgründen zu verabschieden – kaum dazu reichen, seinen Status als Weltmacht aufrechtzuerhalten. Innenpolitisch heißt die Bewahrung des Weltmachtstatus für Russland aber, auf sich allein gestellt zu bleiben und nicht von anderen abhängig zu werden. Dem widerspricht die drohende Juniorpartnerschaft unter China, die für Russland und das russische Selbstbewusstsein sehr schwierig werden dürfte.

Bis heute hat sich Russland nicht entschieden, wohin es gehören will. Zum islamischen Süden? Nein. Zu Ostasien? Kaum, trotz sich abzeichnender Juniorpartnerschaft unter China. Zum Westen, zu Europa? Auch schwierig, selbst wenn eine Mehrheit der russischen Bevölkerung zumindest in den großen Städten gegen diese Verortung wenig hätte. Aber eine solche Westorientierung Russlands würde die oligarchisch-autoritäre Herrschaft der Machteliten in Russland gefährden.

Also allein bleiben? Absehbar würde diese Option seinen weiteren Niedergang und einen weiteren schleichenden Statusverlust als Weltmacht bedeuten, und so hofft man in Teilen der Moskauer Machteliten auf eine eurasische Perspektive. Eurasien wäre das Traumland, die zentrale geopolitische Achse der neuen Weltordnung und scheinbar die Erlösung von all den Widersprüchen der russischen Lage, wenn, ja wenn da nicht die neue, nach Westen ausgreifende Supermacht China wäre. Eurasien wird für Russland in der wirklichen Welt von morgen immer die Dominanz der Weltmacht China bedeuten, für Russland also nicht Weltmachtstatus, sondern Juniorpartnerschaft mit und unter der neuen Weltmacht China.

Russland wird früher oder später – ob noch zu Putins Amtszeit im Kreml oder erst danach – die Grundsatzentscheidung seiner Verortung treffen müssen. Genau darin liegt die Chance Europas, mit geduldiger und zugleich prinzipienfester Diplomatie die Tür für eine Westorientierung des Landes offenzuhalten. Diese liegt unbedingt im europäischen Interesse, darf aber niemals zulasten der Osteuropäer, der Westorientierung Europas und der Einheit der Union gehen. Das wichtigste Hemmnis dabei, das schwer zu überwinden sein wird, sind die unterschiedlichen, ja diametral entgegengesetzten Wertefundamente einer demokratischen EU und eines autoritären Russlands.

Nicht die Nato gilt den Machteliten Moskaus als der ernst zu nehmende Feind. Die Nato kennt man in Moskau seit den Jahrzehnten des Kalten Krieges nur zu gut, und sie wird vor allem aus innenpolitischen Gründen zu Propagandazwecken benutzt. Der eigentliche Albtraum für den Kreml sind die demokratischen Basisbewegungen wie jene auf dem Maidan in Kiew, der Hauptstadt der Ukraine, und in anderen postsowjetischen Republiken. Hier wurde die europäisch-russische Wertedifferenz politisch greifbar, und diese dürfte nur sehr schwer, wenn überhaupt, zu überbrücken sein.

So wie die Polen und Balten aufgrund ihrer Erfahrungen große Sorgen und Sicherheitsängste angesichts der russischen Militärmacht haben, so fürchten sich die russischen Machteliten vor dem Virus der Demokratie, vor einer Wiederholung des Maidan auf dem Roten Platz in Moskau. Diese Gefahr wird mit der EU und deren Wertekanon verbunden. Von diesen Ängsten aber wird ein Neuanfang in den europäisch-russischen Beziehungen auszugehen haben, wenn er ernst gemeint sein soll.

Russland verfügt wegen seiner gewaltigen Fläche, die sich in Nordasien bis an den Pazifik erstreckt, über keinerlei Mitgliedschaftsperspektive in der EU, da es, jenseits aller anderen Gründe, für eine Integration schlicht zu groß ist und alle europäischen Dimensionen sprengen würde. Das wichtigste Instrument der EU in ihrer Nachbarschaftspolitik, das Angebot der Mitgliedschaft, greift in diesem Falle also nicht. Es würde sich, bedingt durch die unterschiedlichen Größenverhältnisse, dann sofort die Frage stellen: Wer integriert hier eigentlich wen?

Das riesige Russland wird also für immer Nachbar und bis auf Weiteres auch strategischer Rivale der Europäischen Union auf dem europäischen Kontinent, vor allem aber in Osteuropa, bleiben. Insofern steht die EU – anders als die USA, auch wenn diese in ihrem äußersten menschenleeren Nordwesten, an der Beringstraße, an Russland grenzen – vor einer singulären geopolitischen Herausforderung, die sich aus dieser kontinentalen Nachbarschaft ergibt.

Das Verhältnis Europas zu Russland wird daher nolens volens ein europäisches Problem bleiben. Für die USA ist China, ihr direkter Rivale um die globale Führung, die große Herausforderung im 21. Jahrhundert.

Das aber wird für Europa im Verhältnis zu Russland eine völlig neue Situation mit sich bringen, ohne verlässliche Unterstützung von Trumps Amerika. Für die EU heißt das, jenseits einer nicht denkbaren Mitgliedschaft Russlands, eine produktive Nachbarschaftsbeziehung zu entwickeln. Und genau hierbei wirkt die russische Aggression in der Ukraine so überaus fatal, denn ohne eine Lösung dieses Konflikts wird es im europäisch-russischen Verhältnis kaum Fortschritte geben können.

Russland sieht sich in seinem Selbstverständnis vor allem als imperiale militärische Weltmacht. Genau diesem Prestigebedürfnis entspricht Putins Nahostpolitik, aber über sie ist das letzte Wort noch nicht gesprochen. Auch die neuerdings wieder intensivierte Afrikapolitik Russlands, die vor allem propagandistisch und gegen den Westen ausgerichtet ist, gehört in dieses Kapitel.

Wie Russland in diese Dauerkrise namens Nahost hineinkam, ist bekannt. Was es dort jenseits des Prestigegewinns als Weltmacht will, bleibt rätselhaft. Und wie es aus dieser Krisenregion mit all ihren zahllosen geopolitischen, religiösen und ethnischen Minenfeldern wieder herauskommen will und welchen Preis es für dieses Abenteuer zu entrichten hat, wird uns die Zukunft lehren. Was hat Russland dem Nahen Osten zu bieten? Öl und Gas? Gibt es genug in der Region. Technologie? Kann Russland nicht wirklich liefern. Militärischen Schutz? Funktioniert am Boden wohl nur im Verbund mit dem Iran und dessen schiitischen Partnern, was die konservativen sunnitischen Ölmonarchien nicht erfreuen und mit »Nein, danke!« beantworten werden. Waffen? Das schon eher. Bleibt also nur das Prestige, als Weltmacht handeln zu können und es den weit überlegenen USA zu zeigen, aber diese Motivation ist innenpolitisch nicht wirklich belastbar und trägt deshalb nicht weit.

Was will Russland vom Nahen Osten? Träumt Putin immer noch den alten großrussischen Traum vom Zugang zu den warmen Wassern des Mittelmeeres und von Konstantinopel, nebst der Beherrschung der Meerengen? Den russischen strategischen Traum des 19. Jahrhunderts? Da ist immer noch die Türkei davor, trotz Erdogan ein schwerer Brocken, bis auf Weiteres Mitglied in der Nato. Zudem, je mehr sich Putin in seinen taktischen Erfolgen in Syrien sonnt, desto mehr wird der türkische Bedarf nach Balance durch den Westen zunehmen. Oder strebt Putin eine Nato ohne Türkei als Revanche für die Osterweiterung der Nato an? Für die Türkei wäre ein solcher Schritt alles andere als einfach, denn sie würde dadurch keineswegs stärker, sondern ganz im Gegenteil sehr viel schwächer, auch gegenüber Russland. Darüber hinaus ist die türkische Wirtschaft stärker in den Weltmarkt integriert und vom Westen abhängiger, druckempfindlicher als etwa die iranische. Erdogans Wählerschaft würde ihm einen ökonomischen Absturz niemals vergeben. Ein russischer Naher Osten wird also jenseits des kurzfristigen Prestigegewinns für Russland ein Traum bleiben. Dieser würde jedoch gut zu der Rückwärtsorientierung Russlands ins 19. Jahrhundert unter Putin passen.

Die gegenwärtige Politik Russlands lebt im Wesentlichen von den Fehlern des Westens, vor allem der USA. Die Sowjetunion ist nicht zuletzt an der geopolitischen Überdehnung ihrer Kräfte zugrunde gegangen. Russland fehlt für eine neoimperiale Politik im Nahen Osten schlicht die ökonomische Grundlage, um diese durchhalten zu können. Wer finanziert den Wiederaufbau des kriegszerstörten Syrien? Russland? Putin weiß nur zu gut, dass ihm angesichts der ökonomischen und sozialen Lage in Russland ein solcher Schritt weder finanziell noch politisch möglich ist, ohne größeren Widerstand in der Bevölkerung zu riskieren. Also unter dem Dach der UN am Ende die Europäer? Diese werden sehr achtgeben müssen, dass sie sich wegen des erneuten Anstiegs der Flüchtlingszahlen an der türkisch-griechischen Grenze nicht als erpressbar erweisen und am Ende die Rechnung für eine verfehlte neoimperiale Politik Moskaus und Ankaras in Syrien übernehmen.

Während Russland Macht nahezu ausschließlich als militärische Macht definiert, hat die EU ihre Stärken in den zivilen Sektoren, in Wirtschaft, Technologie und Gesellschaft. Wie also lässt sich ein friedliches und möglichst offenes Verhältnis dieser beiden so unterschiedlichen Nachbarn trotz aller offensichtlichen Interessenwidersprüche und Wertedifferenzen organisieren? »Russland ist entweder militärische Weltmacht oder es wird nicht sein«, so oder ähnlich denkt wohl die Mehrheit der russischen Machteliten, zumal das der historischen Erfahrung des Landes zu entsprechen scheint. Aber die Geopolitik nimmt keine Rücksicht auf Wünsche und Willenserklärungen, sondern geht von den Fähigkeiten aus, und da sieht es für die globale Nuklearmacht Russland eben alles andere als gut aus.

Die EU hingegen wirkt im militärischen Bereich wenig beeindruckend. Solange also die russische Führung an militärisch herbeigeführten Grenzveränderungen und Kriegen zur Durchsetzung der russischen Hegemonieansprüche in Osteuropa festhält, wie dies ganz aktuell im Osten der Ukraine der Fall ist, wird ein besseres und vertrauensvolleres Verhältnis zwischen den beiden kontinentalen Nachbarn fast unmöglich zu erreichen sein.

Russlands Selbstverständnis ist bis heute das einer globalen Weltmacht, eines Imperiums, das mit der Sowjetunion nicht dauerhaft untergegangen ist, sondern in der russischen Perzeption als »postsowjetischer Raum« fortexistiert, über den es für Russland Schritt für Schritt die Kontrolle zurückzuerlangen gilt. Seinen Höhepunkt hatte dieses Imperium in Gestalt der Sowjetunion in der Detente der Siebzigerjahre des vergangenen Jahrhunderts erreicht, als es mit der anderen Supermacht USA auf Augenhöhe nukleare Rüstungskontroll- und Abrüstungsverhandlungen führte und in trauter Zweisamkeit mit den USA das Schicksal der Welt bestimmte. Für die Welt außerhalb Russlands ist dies alles Geschichte, aber das Selbstverständnis der russischen Machteliten wird durch diese Erfahrung bis heute geprägt. Es geht zurück auf die imperiale Tradition des Großrussischen Reiches mit dem Anspruch, Hegemonialmacht in Osteuropa und europäische Großmacht wie seit den Zeiten der großen Zaren Peter und Katharina zu sein.

Imperien leben von ihrer Expansion, und sobald sie die Kraft zur Expansion verlieren, beginnt in der Regel ihr Niedergang. Dieser innere expansive Drang im Selbstverständnis der russischen Machteliten bezieht sich heute vor allem auf die erwähnte »russische Einflusszone«, den sogenannten postsowjetischen Raum der ehemaligen Sowjetrepubliken und auch der Warschauer-Pakt-Staaten (also bis in die Mitte Berlins!). Er gibt Anlass zu bleibenden Sicherheitsbesorgnissen, die Europa nicht einfach ignorieren kann, auch wenn sie wenig realistisch erscheinen. Die Krim und die Ostukraine haben jedoch gezeigt, wie schnell sich die Dinge ändern und militärisch neue Fakten geschaffen werden können. Den in Berlin so beliebten Satz »Gewalt ist keine Lösung!« würde man in Moskau niemals unterschreiben. Die Krim und Syrien zeigen aus Sicht des Kreml gerade das Gegenteil.

Immer wieder ist es die Vergangenheit, auf die man im Umgang mit Russland stößt, und weniger die Zukunft. Die scheint nach China emigriert zu sein. Die Vergangenheit hält Russland, vor allem aber die Köpfe der Machtelite, fest in ihrem Griff.

Innenpolitisch ist Putins Russland nicht mehr die Sowjetunion und auch nicht das Reich der Zaren, außenpolitisch allerdings gibt es mehr Kontinuitäten als

Brüche, vor allem unter dem Gesichtspunkt militärischer Macht. Sie ist der Grundbass der russischen Außenpolitik über die Jahrhunderte und über die verschiedenen Systeme hinweg. Und exakt diese Tradition der militärischen Macht und Gewalt Russlands ist es, was seine Nachbarn ängstigt und in schützende Bündnisse wie die Nato treibt, nicht ein von Russland imaginierter Einkreisungsversuch der Nato. Den Koloss Russland kann man nicht einkreisen, es erschließt sich auch nicht der Sinn eines solchen Unterfangens. Der geopolitische Rivale der USA heißt heutzutage China, und es gibt nichts, was der Westen nicht auf friedlichem Wege und durch Handel von Russland erhalten könnte. Wozu also einkreisen?

Europa kann sich dem russischen Hegemonialanspruch niemals beugen, weil es sich dann selbst aufgeben müsste. Das riesige Russland ist von außen nicht veränderbar. Dieser Impuls wird von innen kommen müssen, wenn überhaupt. Es wird also mit diesem Hegemonialanspruch leben müssen und darf ihm niemals nachgeben. Bleibt also nur die Koexistenz zweier höchst ungleicher Nachbarn mit ihren unterschiedlichen Werten, doch auch diese hat ein stärkeres, ein souveränes Europa zur Voraussetzung, um diese kontinentale Nachbarschaft mit Russland meistern zu können.

Der geopolitischen Mentalität der russischen Machteliten fällt es sehr schwer – aus gänzlich anderen Gründen als den Europäern –, sich vom 20. Jahrhundert zu lösen. Russland hat als nukleare Weltmacht ein Abstiegsproblem, Europa ein Souveränitätsproblem, was beide am 20. Jahrhundert festhalten lässt. Darüber hinaus besteht für Europa, gebunden an Russland durch die kontinentale Nachbarschaft, die Gefahr, dass es durch die Herausforderung Russland geopolitisch zu sehr in der Vergangenheit verharrt, anstatt sich der Zukunft im chinesischen Jahrhundert zuzuwenden.

So ist die Perspektive des endgültigen Verschwindens des in der zweiten Hälfte des 20. Jahrhunderts entstandenen nuklearen Rüstungskontrollregimes, das auf Verträgen der beiden nuklearen Supermächte von damals beruht, für die globale Stabilität düster und gefährlich, ganz besonders für Europa. Europa kann im Bereich des nuklearen Wettrüstens kaum eine eigenständige Rolle spielen, da es in zukünftigen Verhandlungen fast nichts anzubieten hat. Das Interesse der USA aber hat sich von Europa weg nach Asien und in den pazifischen Raum verlagert.

Die Gründe für die Kündigung des für Europa so wichtigen INF-Vertrags durch die USA, wichtig wegen der Reichweite russischer Mittelstreckenraketen, hatten nichts mit europäischen Interessen zu tun. Für Washington schließt der INF-Vertrag die chinesischen Mittelstreckenraketen nicht mit ein, blockierte zugleich aber eine US-amerikanische Neuaufstellung in diesem Bereich (sprich: gegenüber China) und machte deswegen aus US-Sicht keinen Sinn mehr. Für Europa jedoch kehrte dadurch die nukleare Bedrohung zurück.

Vieles spricht dafür, dass im Mittelstreckenbereich

ein neues nukleares Wettrüsten droht, diesmal aber in Asien, wo neben China auch Indien, Pakistan, Nordkorea und Iran diese Trägersysteme nebst nuklearen Sprengköpfen besitzen oder deren Besitz anstreben. Mittelstreckenraketen ohne nukleare Sprengköpfe wären die ineffektivste und teuerste Form der Artillerie und würden militärisch wenig Sinn machen. Von dem Besitz der Raketentechnologie führt daher die Spur mit zwingender Notwendigkeit früher oder später zum nuklearen Sprengkopf.

Europa wird im Sektor seiner nuklearen Sicherheit daher, sowohl bei der Abschreckung als auch bei neuen nuklearen Rüstungskontrollverhandlungen, so es sie denn geben wird, weiterhin von seinem transatlantischen Bündnispartner in der Nato abhängig bleiben, wobei die Interessen und Perspektivenunterschiede bei nuklearer Abschreckung und Rüstung zwischen den beiden Seiten des Atlantiks zunehmen werden, was eine zusätzliche diplomatische Bürde für Europa im Umgang mit Trump-Amerika mit sich bringen wird.

Dennoch, Europa wird sich weder der für ihn singulären kontinentalen Nachbarschaft mit Russland im 21. Jahrhundert entziehen noch dieses Problem gar an die USA zurückdelegieren können.

»Eurasien«, d.h. eine geopolitische oder gar bündnispolitische Hinwendung Europas nach Osten als Versprechen für eine bessere Zukunft oder gar als Ersatz für eine starke europäische Souveränität, ist eine bloße Chimäre, wie es die Debatte um ein europäisch-russisches Bündnis vergangener Tage immer gewesen war, mit Ausnahme der unmittelbaren nachnapoleonischen Jahrzehnte in der ersten Hälfte des 19. Jahrhunderts. Damals wurde Russland als reaktionärer Sicherheitsgarant für die restaurierten, von der bürgerlichen Revolution nach wie vor bedrohten monarchischen Regime Europas gebraucht, wie das Jahr 1848 und seine Folgen zeigte.

Als geopolitische Herausforderung und ideologisches Konzept aber ist Eurasien für Europa als Gefahr sehr ernst zu nehmen, denn dahinter verbirgt sich eine langfristige Hegemonialstrategie Chinas, der neuen Weltmacht. Dabei wird es, anders als in den Debatten der Vergangenheit um die europäische Ostverschiebung, weniger um gefühlige, irrationale Fragen wie die »russische Seele« gehen, sondern eher um den großen chinesischen Markt, also um die Frage, ob Europa in Eurasien nicht sehr viel mehr zu gewinnen habe als in der transatlantischen Realität des vergangenen Jahrhunderts und dem Festhalten an seiner Westorientierung.

Europa verfügt aber nur zu einem sehr hohen Preis über eine eurasische Perspektive. Denn je mehr die eurasische Achse von Shanghai bis Lissabon Wirklichkeit werden würde, desto mehr bedürfte es einer starken atlantischen Verankerung und souveränen Eigenständigkeit. Ohne diese beiden Faktoren und angesichts seiner demografischen Schwäche und Überalterung würde es sehr schnell die Nachteile seiner geopolitischen Randlage am äußersten westlichen Ende der eurasischen Hauptachse zu spüren bekommen. Auch

kulturell könnte es nur verlieren und käme schluss-
endlich in eine Abhängigkeit von einem neuen Hegemon, der allerdings kaum mehr »wohlmeinend« sein
dürfte wie der vergangene Hegemon USA. An den chinesischen Kaiserhof fuhren früher einmal im Jahr die
Delegationen der abhängigen Staaten, um ihren Tri-
but zu entrichten und ihre Ergebenheit zu versichern.
Diese Erfahrung sollte sich Europa im 21. Jahrhundert
ersparen und niemals vergessen, dass es den höchsten
Preis, den es dabei zu entrichten hätte, der Verlust seiner Freiheit wäre!

Die kommende Systemkonfrontation –
China als Systemalternative zum Westen
und die Zukunft der Demokratie

Der Westen, Europa und Nordamerika gleichermaßen, war zu lange zu naiv und zu kurzsichtig im Umgang mit China und ignorierte allzu lange die langfristigen strategischen Ziele und die diesen zugrunde
liegende politische Entschlossenheit. Im Umgang mit
China schaltete die Gier die Vernunft aus, mensch-
lich verständlich zwar, aber in den Folgen nicht zu
Ende gedacht. Man sah im Westen zuerst und vor allem den gigantischen chinesischen Binnenmarkt mit
seinen scheinbar grenzenlosen Geschäftsmöglichkei-
ten, China hingegen handelte strategiegetrieben. Die
»Langnasen« aus dem Westen sollten nur ihre Gier
nach Gewinn auf dem chinesischen Markt ausleben,
solange sie die langfristigen strategischen Ziele Chinas in der Befriedigung ihrer kurzfristigen Gier nach
Gewinn nicht beeinträchtigten, sondern im Gegenteil
kräftig Technologie- und Know-how-Transfer betrieben und dadurch Chinas langfristige Ziele beförder-
ten. Diese Naivität im Umgang mit dem fernöstlichen
Riesen muss sich ändern.

Der Westen erlaubte sich den Luxus, die strategischen Ziele der aufsteigenden Weltmacht und seiner regierenden Machteliten in der Kommunistischen Partei Chinas nicht ernst zu nehmen. Der politisch erzwungene oder auch oft illegale Technologietransfer war für die westlichen Unternehmen zwar schmerzlich, wurde aber über lange Zeit hinweg als ein Preis angesehen, den man für den Zugang zum überaus profitablen chinesischen Markt eben zu entrichten hatte. Diese Sonderkosten wurden unter den Rubriken »lokale Marktbedingungen« und »nicht tarifäre Handelshemmnisse« abgebucht.

Die Privatisierung von Teilen der chinesischen Wirtschaft und die Übernahme von Teilen des westlichen Finanzsystems, etwa die Einführung von Börsen, bestärkten die Hoffnung auf den friedlichen Systemwandel von der Staatswirtschaft hin zur Marktwirtschaft, und mit diesem Systemwandel würde dann auch der graduelle politische Systemwandel erfolgen, weg von der Einparteiendiktatur hin zur Demokratie und zur Einführung eines Rechtsstaates mit Gewaltenteilung und unabhängiger Justiz. Dieser sukzessive Ablauf, beginnend mit der wirtschaftlichen Modernisierung und später zwingend folgender politischer und rechtsstaatlicher Demokratisierung, war einer der wichtigsten Glaubenssätze des Westens im Umgang mit China seit den späten Siebzigerjahren. Er wurde zwar durch das brutale Massaker an den Studenten, die 1989 auf dem Platz des Himmlischen Friedens in Peking für Demokratie demonstrierten und die offensichtlich für das Machtmonopol der Partei als Gefahr angesehen wurden, zum ersten Mal erschüttert. Aber nach einer längeren Abkühlungsphase kehrte der Westen vor allem wegen der chinesischen Wirtschaftserfolge – das Land entwickelte sich schnell zur verlängerten Werkbank der Weltwirtschaft – und einer beeindruckenden gesellschaftlichen Modernisierungsleistung zum »business as usual« im Umgang mit China zurück und der Glaubenssatz behielt seine Gültigkeit bis in unsere Tage.

Ich bin zwar der Meinung, dass es noch zu früh ist, das definitive Scheitern dieses westlichen Glaubenssatzes von dem unauflösbaren Zusammenhang zwischen wirtschaftlicher, gesellschaftlicher und politisch-demokratischer Modernisierung festzustellen, gerade auch im Lichte der demokratischen Massenproteste in Hongkong, aber in den vergangenen Jahren des Aufstiegs Chinas zur Weltmacht, vor allem seit der Inthronisierung Xi Jinpings zum Partei- und Staatschef, schlägt China in der Innenpolitik wieder eine wesentlich autoritärere Gangart an. Die Frage bleibt bis auf Weiteres nicht beantwortbar, ob Hongkong aufgrund seiner Kolonialgeschichte unter den Briten ein lokal begrenzter Sonderfall ist und bleibt oder ob die Unruhen in Hongkong heute ein Vorgriff auf die zukünftigen Konflikte eines zu Wohlstand und Modernität gekommenen Festlandchinas sind. Bis dahin wird man auch die Frage nach der Gültigkeit des westlichen Glaubensartikels im Umgang mit China nicht abschließend entscheiden können.

Wie auch immer, die Unruhen in der ehemaligen britischen Kronkolonie stellen für Peking ein großes Problem dar. Ein zweiter Tiananmen in Hongkong würde die Glaubwürdigkeit Pekings weltweit und vor allem im Westen dramatisch und diesmal langfristig erschüttern und die mögliche friedliche Wiedervereinigung mit Taiwan auf der Grundlage des Prinzips von »ein Land, zwei Systeme« wohl endgültig unmöglich machen. Die Weltlage ist heute eine andere als 1989, und China als aufsteigende Supermacht wird sehr viel ernster genommen als das China damals. Xi Jinpings innenpolitische Spielräume für Kompromisse in Hongkong scheinen zudem aufgrund seines absoluten Machtanspruchs gering zu sein. Seine internen Gegner warten nur auf ein Zeichen von Schwäche seinerseits oder auf einen Gesichtsverlust in dem Drama um Hongkong, um in der innerchinesischen Machtrivalität daraus Nutzen zu ziehen.

Doch zurück zu dem westlichen Glaubensartikel über die zwingende Abfolge von wirtschaftlicher und gesellschaftlicher Modernisierung hin zur demokratischen und rechtsstaatlichen Modernisierung. In der Tat stellt sich die Frage, warum die KP gerade angesichts ihrer großen wirtschaftlichen, technologischen und machtpolitischen Erfolge ihren autoritären Kurs ändern sollte. Liegt darin der westliche Denkfehler: zu übersehen, dass Erfolg für einen politischen und ökonomischen Kurs stabilisierend und bestärkend wirkt? Das kann sehr gut der Fall sein. Am Ende gibt es diesen Automatismus zwischen wirtschaftlicher Modernisierung und Demokratie überhaupt nicht. Und dann? Dann stünde die Welt des 21. Jahrhunderts vor einer erneuten Systemkonkurrenz, die sich jedoch von derjenigen während des Kalten Krieges wesentlich unterscheiden würde.

China ist heutzutage schon dabei, eine hochmoderne autoritäre Systemalternative zum Westen zu entwickeln, die auf der Herrschaft einer einzigen Partei und auf der umfassenden digitalen Kontrolle jedes einzelnen Bürgers beruht. Dies geschieht durch die algorithmische Überwachung aller und die Erfassung und Zusammenführung der Daten eines jeden Einzelnen, sei es aus dem privaten oder öffentlichen Raum. Im chinesischen System gibt es keinerlei wirksamen Schutz des Einzelnen durch gesetzliche Schranken oder andere institutionelle Barrieren oder gar durch einklagbare Rechte gegenüber dem Staat. Alle Bürgerinnen und Bürger werden durch ein soziales Kreditpunktesystem, das auf einer Verhaltensbewertung nach Plus- und Minuspunkten beruht, erfasst. Dieses soziale Kreditpunktesystem, das sich im Aufbau befindet, ermöglicht eine zentrale, auf Algorithmen basierende soziale Überwachung und Steuerung durch die Gewährung oder durch das Versagen von Gratifikationen durch Staat und Partei. Konformität wird belohnt und abweichendes Verhalten bestraft.

Die Freiheit des Einzelnen hat sich in diesem System erledigt und wird durch den Tausch von Wohlverhalten gegen staatlich gesicherten Wohlstand ersetzt. Hierbei handelt es sich keineswegs um eine aktualisierte schwarze Utopie à la »1984«, sondern um die

Realität schon heute und vor allem in naher Zukunft. China hat sich auf den Weg in dieses System gemacht, bestehend aus einem digital perfektionierten Überwachungsstaat und einer hocheffizienten Variante des Konsumkapitalismus unter staatlicher Kontrolle.

Ein Vergleich mit der untergegangenen Sowjetunion oder dem ostdeutschen Stasistaat führt dabei in die Irre. Beide waren viel zu rückständig und in ihren technologischen Fähigkeiten viel zu unterentwickelt: Das chinesische System verbindet den flächendeckenden Einsatz hochmodernster digitaler Überwachungstechnologie mit den konsumistischen Versprechungen des modernen Kapitalismus und ist in der Lage, tatsächlich beides auch zu liefern – umfassende digitale Überwachung und bisher nicht gekannten Konsum und soziale Sicherheit. Es ist also kein auf Armut gründendes bloßes Versprechen für die Zukunft, wie im sowjetischen Fall, sondern liefert Wohlstand und soziale Sicherheit im Hier und Jetzt um den Preis der Freiheit.

Weder die geopolitischen Ambitionen Chinas noch dessen riesiger Binnenmarkt noch Chinas Versuch, sich in der digitalen Revolution an die Weltspitze zu setzen, wird jedoch die größte Herausforderung für den Westen durch China sein, sondern dieser systemische Angriff auf die individuelle Freiheit, auf das Fundament der westlichen Demokratie. Aus diesem systemischen Widerspruch zwischen einer westlichen *Freiheitskultur* und einer chinesischen konfuzianisch geprägten, mit repressiven Mitteln erzwungenen *Harmoniekultur* wird der eigentliche neue Systemwiderspruch im 21. Jahrhundert bestehen, der auch geopolitische Folgen haben wird. Und dieser Widerspruch zwischen Freiheits- und Harmoniekultur reicht tiefer als die totalitäre Tradition der Kommunistischen Partei und ist in Ostasien und Südostasien nicht nur auf China begrenzt.

Wenn die Welt ökonomisch, technologisch und machtpolitisch, zumindest für eine längere Übergangsphase, in zwei Teile zerfallen wird, angeführt jeweils von China und den USA, dann wird es nur eine Frage der Zeit sein, bis China aus machtpolitischen Gründen versuchen wird, auch sein totalitäres digital abgesichertes »Harmoniemodell« zu exportieren. Spätestens dann aber wird es zu einer globalen Auseinandersetzung der Systeme zwischen westlichem »Freiheitsmodell« und chinesischem »Harmoniemodell« kommen.

Angesichts dieser heute schon absehbaren Entwicklung gilt es, die erstaunliche ideologische Flexibilität der chinesischen KP ernst zu nehmen, die es unter ihrer Kontrolle vermocht hat, von einem rigiden ideologisch getriebenen Wirtschaftssystem, dem kollektivistischen Sozialismus maoistischer Prägung, zu einem von ihr allein kontrollierten System einer Mischwirtschaft aus Staats- und Privatkapitalismus ohne nennenswerte ideologische Friktionen überzugehen. Man sollte also die Lernfähigkeit und die Anpassungsfähigkeit des chinesischen Modells niemals unterschätzen, wenn es darum geht, seinen harten Kern, die Herrschaft einer Partei, zu sichern.

Deng Xiaoping, der Vater der chinesischen Modernisierung, sagte einst, dass es ihm egal wäre, welche Farbe die Katze habe, Hauptsache, sie fange Mäuse. Diese pragmatische Flexibilität scheint die KP Chinas und deren Führung bis auf den heutigen Tag auszuzeichnen. Und mit dieser Flexibilität wird auch in Zukunft zu rechnen sein, solange die Katze namens KP Mäuse fängt und ihre alleinige Herrschaft bewahren kann. Solange die chinesische KP in der Lage sein wird, den Aufstieg von weiteren Hunderten Millionen von Menschen in die Mittelschicht sowie deren wachsenden Wohlstand zu garantieren, die Unverletzlichkeit der Grenzen und den Zusammenhalt des Reiches sowie dessen weiteren Aufstieg zur Weltmacht, solange die Erinnerung an das Chaos der Kulturrevolution noch präsent ist, so lange muss die KP nicht wirklich um ihre Herrschaft fürchten, trotz aller Schwierigkeiten, die in Chinas Zukunft sicher zu erwarten sind.

Zugleich ist der Versuch, die absolute Kontrolle und Macht durch die Kommunistische Partei und deren Führer zu erreichen, die größte Schwachstelle des Systems. Xi Jinpings Versuch, alle Macht in seinen Händen zu konzentrieren, ist durchaus riskant, denn er hält dadurch das Trauma der Kulturrevolution in den Reihen vor allem der oberen Kader der Partei wach. In der Kulturrevolution hatte sich gezeigt, dass Mao, als absoluter Herrscher, in der Lage war, die herrschende Elite in der Partei zu zerstören. Was also dagegen tun, wenn der Vorsitzende selbst, versehen mit absoluter Macht, ein irrationaler Systemveränderer ist? Diese

Frage stellt sich Chinas politisch-gesellschaftliche Elite seit der Kulturrevolution.

In der nachmaoistischen Periode hatte die chinesische KP deshalb institutionelle Barrieren für die Macht des Vorsitzenden eingeführt, die Begrenzung von dessen Amtszeit und eine Verteilung der Macht auf mehrere Führungsmitglieder, also das Prinzip der kollektiven Führung. Xi Jinping hat diese Rückversicherungen im internen Machtgefüge der chinesischen Führung auf dem letzten Parteitag wieder eingesammelt, man fragt sich bis heute: Warum? Was sind seine Ziele, die die Änderung des Systems notwendig machten und die im alten System der kollektiven Führung nicht oder nicht so gut erreicht werden konnten? Oder ist es am Ende erneut das Ego des Vorsitzenden in Verbindung mit ideologischen Gründen, die dafür entscheidend waren? Allein dass sich diese Fragen stellen, zeigt das große, inhärent in die Machtstruktur von Partei und Staat im heutigen China eingebaute Risiko an der Spitze der Machtpyramide.

Als Konsequenz dieser Konzentration der ganzen Macht auf eine Person stellt sich daher erneut das »Mao-Risiko« für die herrschenden Eliten in China. Nur dass sie in einem zukünftigen Fall autoritärer Selbstzerstörung sehr viel mehr zu verlieren hätten als zu Zeiten der maoistischen Kulturrevolution. China ist heute kein armes Land mehr, sondern verfügt über eine schwerreiche herrschende Schicht in Partei, Staat und Wirtschaft. Die Antikorruptionskampagne unter der Herrschaft von Xi Jinping hat den Führungskadern der KP bereits einen Vorgeschmack auf mögliche kommende Zeiten geliefert.

Ideologisch dagegen ist die KP bis hin zur Selbstverleugnung flexibel. Der Schwachpunkt des Systems liegt in der mangelnden, ja völlig fehlenden Flexibilität der Machtstruktur an der Spitze des Systems. Die größte Gefahr für das autoritäre chinesische System geht perspektivisch von der Spitze der Machtpyramide aus und könnte eines Tages die Ursache für dessen Destabilisierung sein. China ist so groß und mächtig, in seinem Innern von einem allgegenwärtigen Überwachungsstaat abgesichert und scheint doch auf Angst gebaut zu sein, nimmt man den Aufwand für die innere Sicherheit als Maßstab. Was Stärke signalisieren soll, signalisiert im Grunde ihr genaues Gegenteil, nämlich innere Schwäche.

Es mutet schon bizarr an, dass ein Land, das sich auf den Weg zur Weltmacht im 21. Jahrhundert gemacht hat und das überaus erfolgreich seine Modernisierung betreibt, nicht dazu in der Lage ist, sich auch politisch zu modernisieren, sondern auf seinem Weg an die globale Spitze an dem uralten dynastischen Herrschaftssystem der chinesischen Kaiser festhält. Dem Kaiser gehörte alle Macht und auch alles Eigentum, er war der absolute Herrscher, allein sein Wille zählte. Ob ein solches System dauerhaft und stabil in der Moderne funktionieren kann, wird die Zukunft zeigen, aber man darf mit guten Gründen daran zweifeln.

Gewiss, ein bürokratisch-totalitäres System ist entscheidungsschneller und kann längerfristiger planen als ein auf demokratische Mehrheiten und damit per se auf Wechsel und die Teilung der Gewalten ausgelegtes demokratisches System. Dieses verfügt dafür aber über eine hohe institutionelle Flexibilität, weil es auf den geschützten Rechten und der Zustimmung der Bürger beruht und sich in der Regel, trotz aller im System eingebauten Ungewissheiten und Verzögerungselemente, auf längere Sicht als belastbar und stabil erweist, vor allem dann, wenn es unter Druck von außen gerät.

Wie will man leben? Dies wird die zentrale Frage des 21. Jahrhunderts und der neuen Systemkonkurrenz werden: frei oder wohlversorgt, aber unfrei und unter ständiger Kontrolle?

Das Phänomen Donald Trump lässt sich mit guten Gründen als eine jener immer wieder zyklisch auftretenden Häutungskrisen interpretieren, eine besonders heftige zwar, die in der Regel im westlich-demokratischen System den Übergang in eine neue historische Phase ankündigt und begleitet. Im jetzigen Fall wäre es die endgültige Ablösung von den in der zweiten Hälfte des 20. Jahrhunderts gewachsenen globalen Strukturen der Pax Americana hin zu der neuen geopolitischen und digitalen Realität des frühen 21. Jahrhunderts.

Zum ersten Mal wird der Westen dabei auf dem Boden der Systemkonkurrenz herausgefordert werden von einem Gegner, der nicht vorrangig auf Mangelverwaltung in Verbindung mit einer totalitären Ideologie gründet, sondern der von einem erfolgreichen Wirtschafts- und Gesellschaftsmodell ausgeht, das dabei ist, höchst erfolgreich eine totalitäre Alternative zur kapitalistischen Moderne zu entwickeln. Zudem geht diese Systemalternative von einer Macht aus, die sich geopolitisch anschickt, zur globalen Nummer eins im 21. Jahrhundert zu werden. Es ist somit eine völlig andere Situation als zu Beginn des Kalten Krieges zwischen der Sowjetunion und den USA Ende der Vierzigerjahre des vorigen Jahrhunderts.

Diese totalitäre Systemalternative könnte aber auch noch von einer völlig anderen Seite her befördert werden, nämlich von der globalen Umweltkrise und dem Klimaschutz. Das globale Wachstum verstärkt die negativen Trends zur Überlastung des Weltklimas und zur Erschöpfung natürlicher Ressourcen. Was wird denn sein, wenn das Zwei-Grad-Ziel verfehlt wird (mit hoher Wahrscheinlichkeit wird dies der Fall sein) und die Konsequenzen der sich erhitzenden Erdatmosphäre für jedermann spürbar werden – bis hin zu einer dramatischen Veränderung des Golfstroms, einem allgemeinen Anstieg des Meeresspiegels und immer häufiger auftretenden extremen Wetterphänomenen. Was wird sein, wenn die Weltgemeinschaft mit ihrem Versagen konkret konfrontiert wird, erfahrbar im Alltag von Milliarden von Menschen, und dazu gezwungen sein wird, administrativ CO_2-Quoten oder ähnliche radikale Maßnahmen festzulegen, um eine weitere dramatische Eskalation der Klimaerwärmung wenigstens noch begrenzen zu können?

Das chinesische System mit seinen autoritären

Durchgriffsmöglichkeiten und seiner digital gestützten Überwachungsfähigkeit, also seiner umfassenden sozialen Kontrolle, könnte sich dann sehr schnell als das überlegenere erweisen oder zumindest als überlegen erscheinen, wobei das Risiko von inneren Unruhen und Instabilität bei klimaschutzbedingtem Wachstum und Konsumverzicht und dramatisch reduzierten Verteilungsmöglichkeiten auch in diesem System sehr groß wäre.

Die westliche »Freiheitskultur« mit ihrer offenen Gesellschaft wird sich mit einer solchen Herausforderung wesentlich schwerertun, da ein ökologisch erzwungener Wohlstandsverzicht in einer auf Freiheit beruhenden Gesellschaft nur sehr schwer zu vermitteln und nicht ohne schwerste soziale und politische Verwerfungen durchsetzbar sein wird. Den freiheitlichen Demokratien des Westens könnte in einem solchen Fall durchaus eine autoritär-populistische Gegenrevolution drohen, die alles aus der Gegenwart Bekannte weit übersteigen dürfte.

Europa wird hellwach sein müssen im Umgang mit einer Macht, die einerseits global dominieren wird, die zugleich aber wegen ihrer Kraft und Größe ein unverzichtbarer Partner bei der Lösung internationaler Konflikte sein wird. Der Aufstieg Chinas ist ein weiterer Grund, warum Europa souverän, vor allem aber digital souverän werden muss.

China klopft bereits heute an die Pforten Europas und ist auch an dessen Peripherie, in Griechenland, auf dem Balkan, in Ungarn und in Portugal, schon präsent.

Wenn es nach China ginge, dann würde es Europa wohl am liebsten aufkaufen, um dadurch seine industrielle Modernisierung abzukürzen und sein geopolitisches Gewicht erhöhen zu können. Das totalitäre Gesellschaftsmodell Chinas macht aber zweifelsfrei klar, was die Abhängigkeit von dem modernen China bedeuten wird: nicht nur gute Geschäfte, sondern vor allem den Verlust von Freiheit. Man mache sich auf dem Alten Kontinent keine Illusionen: Europa wird seine Souveränität, aber auch sein auf Freiheit basierendes Gesellschaftsmodell gegen die aufstrebende neue globale Nummer eins zu verteidigen haben. Dies wird Europa aber nur können, wenn es stark und souverän genug ist, um in den neuen geopolitischen, globalwirtschaftlichen und technologischen Realitäten bestehen zu können.

Europa ist alt und, verglichen mit den beiden großen Mächten, schwach, aber dennoch weltweit einer der besten Orte zu leben. Wohin zieht es den russischen Oligarchen? Wohin den chinesischen Milliardär? Ganz generell in den Westen und auch und gerade nach Europa, wo die Freiheit des Einzelnen gilt und die Herrschaft des Rechts ihn, seine Familie und sein Eigentum, unabhängig von allfälligen Regierungswechseln, schützt. Hier geht er nicht das Risiko ein, unvorhersehbar zwischen die Mühlsteine der um die Hegemonie konkurrierenden Riesen zu geraten.

Der Kampf um das digitale Selbstbestimmungsrecht wie auch um die Datensouveränität der Staaten wird zur Schicksalsfrage für die Zukunft der westlichen Demokratie im 21. Jahrhundert werden und zum entscheidenden Systemwiderspruch zwischen China und dem Westen. Die westliche Demokratie mit ihrem unverzichtbaren Kern der Freiheit wird durchaus Nachteile zulasten des ungehinderten Datenaustauschs und ihrer wirtschaftlichen Verwertung und zugunsten seiner freiheitlichen und rechtsstaatlichen Traditionen in Kauf nehmen müssen. Und zugleich wird der Westen Kompromisse zwischen den neuen digitalen Technologien und dem Erhalt der individuellen Freiheit entwickeln müssen. Es wird an einer umfassenden Regulierung und demokratischen Kontrolle dieses ganzen Sektors kein Weg vorbeiführen, je früher und je gründlicher, desto besser, wenn unser freiheitliches System nicht über kurz oder lang unter die Räder der digitalen Revolution geraten soll.

China verfolgt ganz andere Ziele, aber auch die USA sind unter privatwirtschaftlichen Vorzeichen in diesem Prozess schon sehr weit ohne ausreichende Regulierung und Kontrolle vorangeschritten, sodass dort bereits eine gefährliche Machtverschiebung zulasten der individuellen Freiheit und der demokratischen Institutionen droht. China mit seinem totalitären Ansatz und die USA mit ihrem radikal privatwirtschaftlichen lassen Raum für Europa. Die europäische Tradition, eine Marktwirtschaft mit stärkeren etatistischen und sozialen Traditionen als in den USA und einer regulierungsoffeneren Mentalität in der Gesellschaft, könnte sich gegenüber den beiden anderen Ansätzen als durchaus im Vorteil erweisen.

Gemeinhin wird der Versuch der Regulierung der digitalen Revolution als Bremsklotz, als Nachteil verstanden, der die technische Kreativität und ihre Umsetzung in Wirtschaft und Gesellschaft verzögert. Tatsächlich aber wird sich eine gelungene demokratische Regulierung, die eine transparente politisch-gesellschaftliche Debatte zur Grundlage haben muss, als ein gewaltiger Vorteil erweisen, denn wer als Erster erfolgreich reguliert, der bestimmt auch international, zumindest in der westlichen Welt, aber auch darüber hinaus, die Standards.

Das Europaparlament hat hier einen ersten Schritt mit der Verabschiedung der Datenschutzgrundverordnung (DSGVO) getan, der die gesamte EU verbindlich reguliert. Dies war allerdings lediglich ein erster Schritt, dem weitere folgen müssen. Europa sollte den Ehrgeiz haben, diese für die Demokratie und die Freiheit entscheidenden Schritte zu gehen.

Der Druck der chinesischen Systemalternative könnte sich für den Westen als durchaus anspornend und damit als hilfreich erweisen bei der Beantwortung der Grundsatzfrage nach der Freiheit unter den Bedingungen der Digitalisierung. Oder sollte Henry Kissinger recht behalten, der in einem faszinierenden Artikel angesichts der drohenden Überforderung der menschlichen Gesellschaft durch die künstliche Intelligenz fast schon lapidar zu dem schockierenden Befund kommt, dass »die Aufklärung endet«. (*The Atlantic*, Juni 2018)

Die chinesische Systemalternative könnte einen

müde gewordenen Westen revitalisieren. Am Ende könnte sich der alte Westen unter den neuen geopolitischen Bedingungen und unter den Bedingungen der digitalen Moderne mehr denn je als unverzichtbar und, trotz seiner Überalterung, als äußerst jung und lebendig erweisen.

Europäische Souveränität und ein
erneuerter Transatlantismus

Auch nach Trump wird es eine Rückkehr zur früheren Normalität, d. h. einem transatlantischen Klientelismus Europas, nicht mehr geben. Donald Trump hat das Vertrauen, auf dem der tradierte Transatlantismus beruhte, und damit auch die überkommene Arbeitsteilung zwischen der amerikanischen Supermacht und seiner europäischen Klientel zerstört. Das selbstverständliche Vertrauensverhältnis ist weg und wird nicht wiederkommen!

Rund um die Welt haben alle jene Bündnispartner, deren Sicherheit vom gegebenen Wort des US-Präsidenten abhängt, mit Argusaugen verfolgt, wie kalt und wie schnell die USA unter Trump ihre kurdischen Alliierten in Syrien verraten haben. Zurück bleibt großes Misstrauen und die durch diese Ereignisse aufgeworfene Frage: Was ist das gegebene Wort der USA eigentlich noch wert?

Auch und gerade in Europa stellt man sich diese Frage und muss sich realistischerweise an den Gedanken gewöhnen, dass die guten alten transatlantischen Zeiten nicht wiederkehren werden. Denn sowohl das Vertrauen in die USA als auch die spezifische Nachkriegssituation Europas sind dahin, die europäische Welt und auch die amerikanische sind zu Beginn des neuen Jahrhunderts dauerhaft zu anderen geworden.

Das heißt nun nicht, dass die Beziehungen über den Atlantik hinweg nicht wieder eng und vertrauensvoll werden können, aber erstens wird diese Erneuerung dauern, denn die vertrauenzerstörenden Auswirkungen von Donald Trump werden noch lange über seine Amtszeit hinaus Wirkung zeitigen. Und zweitens wird diese Erneuerung des Transatlantismus auf einer völlig anderen Grundlage stattfinden müssen. Es wird keine klientele Abhängigkeit von den USA seitens der Europäer mehr geben, und auch die Bereitschaft der Amerikaner, eine solche Abhängigkeit zu akzeptieren, wird gegen null gehen. Selbst in der Wolle gefärbte Transatlantiker sollten sich keine Illusionen machen, der von Trump herbeigeführte Bruch im transatlantischen Verhältnis ist da, vor allem der Vertrauensbruch, und man wird bei allfälligen Reparaturversuchen von der neuen Grundlage auszugehen haben, dass Europa seine eigene Souveränität anstrebt, ja angesichts der Umstände anstreben muss.

Der Unterschied zwischen der EU und den USA ist groß, nicht nur in den Interessen, sondern auch in der Perspektive und vor allem in ihrem jeweiligen Status. Die USA sind selbst heute noch die letzte Supermacht, militärisch, wirtschaftlich, technologisch und kulturell, herüberragend aus dem 20. Jahrhundert in eine neue Zeit. Ihre Interessen sind global, ihre Perspektive auch, wobei ihr Interessenschwerpunkt in diesem

Jahrhundert eindeutig der asiatisch-pazifische Raum sein wird, unter welcher Präsidentschaft auch immer, denn dort liegt das Zentrum der politisch-ökonomischen Schwerkraft in diesem Jahrhundert, von dort droht die einzige ernst zu nehmende Konkurrenz, der Rivale China.

Für Europa trifft nichts von alledem zu. Die EU ist keine Macht, sondern ein unfertiger Staatenverbund, mit Ausnahme ihres gemeinsamen Marktes, des Außenhandels und der gemeinsamen Währung. Im asiatisch-pazifischen Jahrhundert an den westlichen eurasischen Rand gedrängt, wird die EU von Trump auf den Weg zu eigenständiger Souveränität gezwungen, so sie nicht irrelevant werden will, und hat diesen Zustand bisher mitnichten erreicht.

Ihre Perspektive ist jenseits des Außenhandels alles andere als global, vielmehr ist sie selbst in ihrer unmittelbaren Nachbarschaft zur militärischen Machtprojektion ohne die Hilfe der USA kaum bis gar nicht in der Lage. Und ihre zentralen Herausforderungen befinden sich im Wesentlichen auf dem eigenen Kontinent oder an dessen Peripherie – Osteuropa, Balkan, Mittelmeer, neue Seidenstraße. Diese haben nur indirekt mit dem neuen strategischen Zentrum der Geopolitik, dem asiatisch-pazifischen Raum, zu tun.

Sie ist das *Ziel* der Expansionsinteressen der aufsteigenden Weltmacht China, nicht deren Rivale, wie die USA. Die EU ist vom Status her eine Mittelmacht, von einer globalen Großmacht weit entfernt, und sie sollte diesen auch gar nicht versuchen anzustreben. Das strategische Ziel muss sein, technologisch in der globalen Spitzengruppe zu bleiben und machtpolitisch so stark zu werden, dass sie sich selbst verteidigen kann, was für Europa schwer genug werden wird. Für Europa zählen keine Statusfragen, sondern Souveränitätsfragen, Status setzt Souveränität voraus.

Erhebliche Interessendifferenzen werden also zukünftig die transatlantischen Beziehungen wesentlich mehr bestimmen, als es in der klientelen Vergangenheit Europas gegenüber dem »wohlmeinenden« Hegemon der Fall gewesen war. Allerdings darf es von europäischer Seite nicht bei Absichtserklärungen bleiben, Europa wird vor allem bei dem Beitrag zu seiner eigenen Sicherheit schnell liefern müssen, so es am Transatlantismus auf erneuerter Grundlage als Rückversicherung auch weiterhin ein Interesse hat. Es wäre seitens der Europäer ein fataler Fehler zu meinen, dies wäre eine Forderung von Trump allein. Nicht ganz Amerika teilt seinen rüden Stil, aber die USA und die beiden großen politischen Lager teilen diese Forderung nach einem wesentlich stärkeren militärischen Beitrag des zu Reichtum und Wohlstand gekommenen Europas mit zwingenden Gründen.

Umgekehrt wird sich aber auch die Frage stellen, ob die USA Europa als souveränen Partner akzeptieren können, wenn dieser »liefert«, und wie sich diese Beziehungen gestalten werden. Man wird dies vor allem in dem Bereich der Datensouveränität Europas erkennen können, da diese sich unmittelbar gegen die Interessen der großen amerikanischen Techkonzerne und

ihrer marktbeherrschenden Stellung auf dem europäischen Markt wird richten müssen, was viel Konflikt-
stoff bergen wird. Allein aus diesem Grund ist die EU
gut beraten, keine Marktausschlussregeln für nicht europäische Unternehmen einzuführen, sondern auf dieselbe Regulierung für alle auf dem europäischen Markt
tätigen Digitalunternehmen zu setzen. Daten sind eben
keine x-beliebige Hardware, die sich handeln lässt, wo
und mit wem auch immer, bei Daten geht es zuerst und
vor allem um die digitale Selbstbestimmung des Einzelnen und um die kollektive Datensouveränität.

Letztendlich aber werden sowohl die Amerikaner
als auch die Europäer erkennen, dass sie, trotz aller
möglichen Interessenkonflikte und Auffassungsunter-
schiede, unterschiedlicher Alltagskulturen und Menta-
litäten, aufeinander angewiesen sein werden und gut
daran tun, in beiderseitigem Interesse eine feste und
enge Verbindung aufrechtzuerhalten. Denn in der Welt
des 21. Jahrhunderts wird ihre Bedeutung zumindest
relativ abnehmen.

Nur auf den beiden Seiten des Atlantiks – von Aus-
nahmen wie Australien, Neuseeland und wenigen anderen abgesehen – hat das großartige Erbe der Aufklärung und ihr Wertekanon, haben Freiheit, Demokratie,
Rechtsstaat ein festes und tief verwurzeltes historisch-
kulturelles Fundament und wird dieses Fundament im
Alltag der Bürger und auch der Institutionen gelebt.

Diese gemeinsamen Werte und Traditionen zeich-
nen die transatlantischen Bande aus und eröffnen
ihnen eine Zukunft. Man teilt auf beiden Seiten des

Atlantiks, unbeschadet wachsender Interessendivergenzen und weiterer Unterschiede, dieselben Werte und Normen einer freiheitlichen Demokratie und eines auf Gewaltenteilung basierenden Rechtsstaats und gehört dadurch, vereinfacht gesagt, zur selben Familie – was weder mit Russland, China, Indien oder sonstigen Mächten (mit unterschiedlichen Abstufungen) der Fall ist oder jemals sein wird.

Hartgesottene Realpolitiker werden jetzt die Nase rümpfen oder das weise Haupt schütteln. Werte?! Darauf greift man ihrer Ansicht nach gerne zurück, wenn man sich an die harten Fakten und Wahrheiten der internationalen Politik nicht herantraut, wenn es Abhängigkeitsverhältnisse oder unterlegene Schwäche zu verschleiern gilt. Allein Interessen, militärische Stärke und strategisches Potenzial zählen in ihren Augen. Daran ist manches richtig, aber nicht alles, denn wenn die harten machtpolitischen Fakten auf einem Fundament aus gemeinsamen Werten stehen, sind diese belastbarer – aufgrund einer sehr viel stärkeren emotionalen Bindung, zu der die ausschließlich kühle Interessenkalkulation kaum in der Lage ist. Werte und die harten Fakten sind im wirklichen Leben keine Alternative, sondern ergänzen sich zum gegenseitigen Vorteil. Macht ohne Werte ist blind und haltlos, Werte ohne Macht sind hilflos.

Ein neuer Transatlantismus wird zuerst und vor allem versuchen müssen, das Vertrauen in die Verlässlichkeit der USA zu erneuern, was unter Trump gewiss nicht möglich sein wird. Aber auch jenseits von ihm wird dies alles andere als einfach werden, wenn, und davon ist auszugehen, die innenpolitische Zerrissenheit und Spaltung der USA weiter anhalten wird.

Unter dem Gesichtspunkt der inneren Zerrissenheit des Landes ist es beispielsweise egal, wie das gegenwärtige Impeachmentverfahren gegen Präsident Trump ausgehen wird, ob er im Amt bleibt oder seines Amtes enthoben wird. Denn bereits heute lässt sich mit Gewissheit sagen, dass es, unbeschadet seines Ausgangs, die tiefe politische Zerrissenheit des Landes, seines Parlaments und seiner Parteien, aber auch ganz generell zwischen dem liberalen und dem konservativen Amerika enorm verstärken wird. Was macht die Amerikaner, diese Nation aus den Nachfahren der Ureinwohner, aus ehemaligen Sklaven und Einwanderern aus aller Herren Länder und Kulturen, eigentlich zu Amerikanern, zu einer Nation? Es ist der gemeinsame Glaube an die amerikanische Verfassung. Wenn dieser gemeinsame Glaube erschüttert wird, gerät diese Nation in gefährliche Fahrwasser. Darin liegt das eigentliche Risiko, die Gefahr der inneramerikanischen Spaltung, im Impeachment genauso wie in einer möglichen Wiederwahl von Donald Trump als Präsident. In dem Verlust der Mitte liegt die größte Gefahr für die Supermacht, denn diese gemeinsame Mitte über die politischen Lagergrenzen hinweg hat diese große Nation in der Vergangenheit stark und verlässlich gemacht.

In Großbritannien erleben wir gegenwärtig eine parallele Entwicklung anhand der Brexitfrage. In diesen beiden angelsächsischen Ländern drohen aktuell tiefe konstitutionelle Krisen, deren Ausgang nicht nur sehr schwer zu prognostizieren ist, sondern die durchaus das Potenzial haben, die innere Stabilität dieser beiden Nationen mit den beiden ältesten Demokratien der Welt zu gefährden.

Die traditionellen Konsense, welche die Gesellschaft zusammengehalten haben, tragen offensichtlich nur mehr sehr eingeschränkt. Beide Nationen waren zudem die radikalen Verfechter der neoliberalen Revolution seit den Achtzigerjahren des vergangenen Jahrhunderts unter Reagan und Thatcher und leiden ganz akut unter einer tiefen Status- und Identitätskrise. Dies hat offenbar mit ihrer bisherigen oder früheren Weltmachtrolle zu tun: Im Falle der USA ist es aktuell der Versuch, die ungeliebte Rolle des Weltpolizisten loszuwerden, im Fall des Vereinigten Königreichs sind es die Phantomschmerzen durch den Verlust eines vor langer Zeit untergegangenen Empires. Diese konstitutionellen Krisen können sich sehr leicht, wenn sie außer Kontrolle geraten, zu Systemkrisen auswachsen.

Den Kern dieser drohenden konstitutionellen Krise bildet die aktuell sich zuspitzende Konfrontation zwischen dem tradierten repräsentativen parlamentarischen System und einer populistischen, mehr direktdemokratischen Legitimation für die Spitze der Exekutive: der Premierminister mit dem »Volk« gegen das Parlament in Großbritannien, der Präsident mit dem »Volk« gegen den Kongress.

Die Gewaltenteilung wird in beiden Fällen in diesem Kampf zwischen Exekutive und Legislative als

Hindernis für die Exekutive bei der Umsetzung des unvermeidlich unmittelbaren mehrheitlichen Volkswillens verstanden – geistesgeschichtlich steht hier Rousseau gegen Montesquieu. Das Volk wird scharf in zwei Lager geteilt, die kaum noch untereinander kompromissfähig sind, sodass bei einem neutralen Beobachter eine Ahnung von Bürgerkrieg aufkommen kann.

Beide Demokratien stehen aktuell vor einer populistischen Herausforderung, die wenig bis nichts von Gewaltenteilung hält, dafür umso mehr von innerstaatlichen Freund-Feind-Erklärungen. Sie setzt den direktdemokratisch in Wahlen oder der Volksabstimmung zum Ausdruck gebrachten sogenannten Volkswillen der Mehrheit absolut, greift damit die tradierte Verfassungslage an und ist zutiefst minderheitenfeindlich. Der Ausgang dieser Krise könnte in beiden Demokratien zu einer schweren Systemkrise führen, die den Westen insgesamt erheblich schwächen würde. Sollte diese düstere Erwartung Wirklichkeit werden, so wird es um Europa noch einsamer werden. Umso wichtiger wird dann seine eigene Stärke und Souveränität.

Damit aber bliebe auch das Vertrauensproblem im Falle der USA verschärft bestehen und würde sich auf die Frage verkürzen: Wer hat eigentlich die Prokura für die Supermacht, wenn z. B. aufgrund der innenpolitischen Konfrontation die erforderlichen Zweidrittelmehrheiten im Senat zur Ratifizierung internationaler Verträge und Abkommen nicht mehr zustande kommen und aus diesem Grunde meistens überhaupt nicht mehr versucht werden (siehe das Nuklearabkommen unter Präsident Obama mit dem Iran)? Nur durch die Ratifizierung wird ein internationaler Vertrag rechtskräftig und verpflichten sich die Vereinigten Staaten, nicht aber mit einem »executive agreement« des Präsidenten, das keiner Zweidrittelmehrheit im Senat bedarf und deshalb mit jedem Wechsel im Weißen Haus wieder aufgehoben werden kann.

Die Rolle des »wohlmeinenden Hegemons« unter der Pax Americana, ja diese selbst waren nur möglich gewesen, weil die US-Außenpolitik während des Kalten Krieges auf einer überparteilichen Grundlage fußte, die über die Amtszeiten mehrerer, unterschiedlichen Parteien angehörender Präsidenten Bestand hatte. Das war das belastbare Fundament, auf dem das Vertrauen der Alliierten der USA in die Verlässlichkeit der Pax Americana und auch der amerikanischen Sicherheitsgarantie für Europa beruht hatte.

Die Zeiten des Kalten Krieges sind vorbei. Er ging zu Ende, ohne dass es jemals zum nuklearen Ernstfall gekommen wäre. Am nächsten war die Welt wohl diesem Albtraum während der Kubakrise im Oktober 1962. Man stelle sich nur einmal vor, welches Sicherheitsrisiko damals eine Persönlichkeit wie Donald Trump als amerikanischer Präsident in Verbindung mit Wladimir Putin als russischem Präsidenten bedeutet hätte. Allein der Gedanke daran macht einen frösteln, noch heute. Man sieht bei diesem historischen Gedankenspiel aber auch, wie sehr sich die geopolitische Lage der Welt seitdem verändert hat.

Die Welt von morgen wird weniger durch einen

nuklearen Rüstungswettlauf bestimmt werden, auch wenn dieser bei einem Wegfall oder dem ersatzlosen Auslaufen bestehender Rüstungskontrollverträge nicht ausgeschlossen werden kann. Die Rivalität der Großmächte im 21. Jahrhundert wird vor allem im nicht militärischen Bereich, in Wirtschaft, Technologie und der Attraktivität der Gesellschaftssysteme, stattfinden. Angesichts der Größenverhältnisse zwischen den aufsteigenden asiatischen Gesellschaften und dem Westen wird sich genau in dieser Auseinandersetzung die Chance zur Erneuerung des Westens bieten.

Der alte Westen ist vorbei, Geschichte. Zwei Bedingungen werden für seine Erneuerung in diesem Jahrhundert notwendig sein: Europa muss seine Souveränität durchsetzen und die Vereinigten Staaten müssen zu einem Minimum an innerer Geschlossenheit zwischen den beiden großen politischen Lagern im Land zurückfinden.

Diese beiden Bedingungen vorausgesetzt, wird der transatlantische Westen im 21. Jahrhundert in einer nicht mehr westlich dominierten Welt und trotz aller negativen Trends eine Zukunft haben. Es wird ausschließlich und allein an der transatlantischen Familie liegen, zu beweisen, dass der Westen die Zivilisation der Freiheit und des Rechtsstaats ist und dass das junge Amerika und das alte Europa bei der Verteidigung der westlichen Zivilisation auch im 21. Jahrhundert Seite an Seite stehen werden.

Aus Verantwortung für die Umwelt hat sich der
Verlag Kiepenheuer & Witsch zu einer nachhaltigen
Buchproduktion verpflichtet. Der bewusste Umgang mit unseren
Ressourcen, der Schutz unseres Klimas und der Natur gehören zu
unseren obersten Unternehmenszielen.
Gemeinsam mit unseren Partnern und Lieferanten setzen wir uns
für eine klimaneutrale Buchproduktion ein, die den Erwerb von
Klimazertifikaten zur Kompensation des CO_2-Ausstoßes einschließt.

Weitere Informationen finden Sie unter:
www.klimaneutralerverlag.de

MIX
Papier aus verantwor-
tungsvollen Quellen
FSC
www.fsc.org
FSC® C014496

Verlag Kiepenheuer & Witsch, FSC® N001512

1. Auflage 2020

© 2020, Verlag Kiepenheuer & Witsch, Köln
Alle Rechte vorbehalten. Kein Teil des Werkes darf in irgendeiner
Form (durch Fotografie, Mikrofilm oder ein anderes Verfahren)
ohne schriftliche Genehmigung des Verlages reproduziert
oder unter Verwendung elektronischer Systeme verarbeitet,
vervielfältigt oder verbreitet werden.
Covergestaltung: Rudolf Linn, Köln
Covermotiv: © ullstein bild – aslu
Gesetzt aus der Sabon und der Lucida
Satz: Buch-Werkstatt GmbH, Bad Aibling
Druck und Bindung: GGP Media GmbH, Pößneck
ISBN 978-3-462-05473-6

Joschka **Fischer**
Der Abstieg des Westens
Europa in der neuen Weltordnung
des 21. Jahrhunderts

Aktualisierte
Neuausgabe

Eine schonungslose Analyse des ehemaligen Außenministers Joschka Fischer über die politischen Krisen der Gegenwart, das Ende der Dominanz des Westens und den Beginn einer neuen Weltordnung.

»Eine lesenswerte Tour d'Horizont ohne Patentrezepte«
Denis Scheck, ARD druckfrisch

Joschka Fischer, der als Außenminister der rot-grünen Koalition von 1998 bis 2005 maßgeblich am europäischen Einigungsprozess beteiligt war, analysiert in seinem Buch die Ursachen der verschiedenen Krisenherde und der politischen Stagnation in Europa, die verheerende Folgen für die Sicherheit, die Demokratie und den Wohlstand in Europa haben kann. Und er entwickelt als überzeugter Europäer überraschende strategische Ideen, um den europäischen Einigungsprozess wiederzubeleben und die EU zu reformieren.

Leseproben und mehr unter www.kiwi-verlag.de

Kiepenheuer & Witsch

Joschka
Fischer
»I am not convinced«
Der Irak-Krieg und die
rot-grünen Jahre

Kiepenheuer
& Witsch

Der 11. September 2001 leitete eine Zeitwende ein, die die
deutsche Regierung und den damaligen Außenminister
Joschka Fischer vor dramatische Herausforderungen
stellte. Die erste Antwort auf die New Yorker Anschläge
war der Krieg in Afghanistan, der bis in die Gegenwart
die deutsche Politik in Atem hält. Das Gleiche gilt für den
Krieg der USA gegen den Irak, dem sich die rot-grüne Koalition entgegenstellte und der zu heftigen Konflikten
zwischen den USA und Deutschland führte.

Kiepenheuer
& Witsch

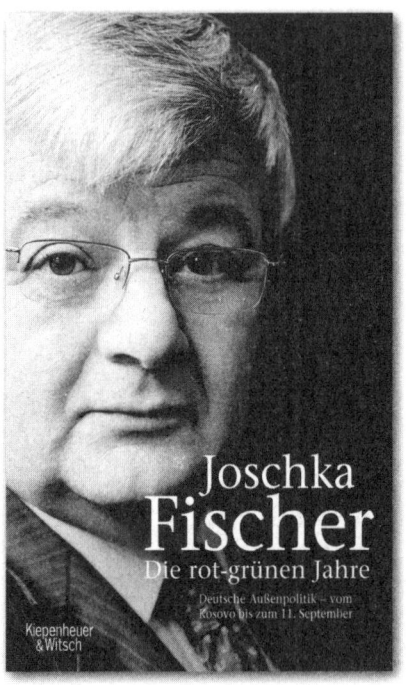

Der erste Band der politischen Erinnerungen Joschka
Fischers an die Jahre der rot-grünen Koalition. Die deutsche Außenpolitik in Zeiten weltpolitischer Umbrüche
vom Kosovo-Krieg bis zum 11. September, zwischen innen-
politischer Reformpolitik und parteipolitischen Krisen
und Kontroversen.

Leseproben und mehr unter www.kiwi-verlag.de

Kiepenheuer
& Witsch

Mit dem Ende des Kalten Kriegs, spätestens aber nach den
Terroranschlägen am 11. September 2001 hat definitiv eine
neue Epoche der Weltpolitik begonnen. Zum ersten Mal in
der Geschichte werden die internationalen Beziehungen
von einer einzigen Weltmacht dominiert. Die islamistische
Bedrohung, die wirtschaftliche Globalisierung, die demo-
graphischen Entwicklungen und der weltweite Energie-
verbrauch führen zu völlig neuen Anforderungen an das
Staatensystem des 21. Jahrhunderts.

Leseproben und mehr unter www.kiwi-verlag.de

Kiepenheuer
& Witsch